OEUVRES

DE

M. DE FLORIAN.

A PARIS,

Chez DIDOT L'AÎNÉ, rue Pavée S. André;
DE BURE, quai des Augustins;
DIDOT fils aîné = JOMBERT jeune,
rue Dauphine.

Tous les genres sont bons hors le genre
ennuyeux.

Volt.

THÉÂTRE

DE

M. DE FLORIAN,

Capitaine de dragons, et Gentilhomme de S. A. S.
Mgr le Duc de Penthievre; de l'académie
de Madrid, etc.

SECONDE ÉDITION.

TOME PREMIER.

C'est là tout mon talent, je ne sais s'il suffit.
La Fontaine, V. 1.

A PARIS,

DE L'IMPRIMERIE DE DIDOT L'AÎNÉ.

M. DCC. LXXXVI.

AVANT-PROPOS.

En donnant au public le recueil de
mes comédies, je me garderai bien de
le faire précéder de réflexions sur la comédie. Ce seroit d'abord risquer d'ennuyer; ensuite je serois sûr de me nui-
re: car, de deux choses l'une; ou je prou-
verois que je suis un ignorant, et personne ne gagneroit à cette découver-
te; ou je me montrerois fort instruit,
et l'on m'en trouveroit plus coupable
d'avoir fait des pieces si imparfaites,
en sachant si bien comment on les
fait bonnes. Je ne veux donc parler
ici que du genre que j'ai adopté, dire
les raisons qui m'y ont engagé, et re-
lever les fautes que je n'ai pas évi-
tées.

Pour bien distinguer ce genre, il
faut dire un mot des autres : il faut
répéter, ce que l'on sait déja, que la
comédie de caractere est sans contre-
dit le plus beau, le plus utile, le plus
difficile de tous les drames. Quel travail que celui d'étudier jusqu'aux
plus petits traits de l'homme qu'on
veut peindre, de fouiller dans les re-
plis de son cœur, d'y surprendre ses
sentiments les plus cachés, et d'imaginer ensuite des situations où, dans
l'espace de deux heures, tous ces
traits, tous ces sentiments, soient dé-
veloppés, en amusant, en intéressant toujours deux mille personnes
rassemblées au hasard, et très indif-
férentes à l'affaire dont il s'agit! Un
tel ouvrage, quand il est parfait, me

semble le chef-d'œuvre de l'esprit humain.

Mais ce chef-d'œuvre, en tous les temps si difficile, l'est peut-être aujourd'hui plus que jamais. Quand il naîtroit un second Moliere, merveille que la nature ne produira plus vraisemblablement, pourroit-il se flatter d'égaler le premier? trouveroit-il des sujets tels que le Misanthrope, le Tartuffe, l'Avare? je ne le crois pas. Les caracteres qui restent à traiter me semblent petits auprès de ces grands modeles. Je juge du moins qu'ils doivent être peu saillants, par la peine qu'on a de leur trouver même un nom.

On pourroit donc penser qu'il ne reste plus à peindre que des demi-

caracteres ; encore les modeles en
sont-ils rares. C'est dans le monde
qu'il faut les chercher ; et j'ai cru re-
marquer que dans le monde on se
ressembloit un peu. Le grand pré-
cepte, Il faut être comme les autres,
qui fait la base de nos éducations,
met une assez grande conformité
dans les mœurs, dans les actions,
dans le langage de ceux qui composent la société. Chaque âge, chaque
état, a ses idées, son ton, ses manie-
res convenues : on les prend sans
s'en appercevoir ; et les formules, les
devoirs d'usage, l'obligation de parler lorsque l'on ne voudroit rien dire,
l'habitude de traiter comme des amis
ceux dont on ne se soucie guere, enfin la monotonie de la politesse, si

l'on peut s'exprimer ainsi, éteignent le naturel et font disparoître les nuances des caracteres. Tout n'en est peut-être que mieux ; et il faut bien que cela soit, puisque l'on est si heureux dans le monde. Je ne prétends point ici m'ériger en censeur, je veux dire seulement que j'ai trouvé un peu de ressemblance entre ce qu'on appelle le monde et le bal de l'opéra. C'est assurément un lieu enchanteur, on y fait infiniment d'esprit, on y voit de très jolis masques ; mais un peintre seroit peut-être embarrassé d'y trouver une physionomie.

D'après ces réflexions, bonnes ou mauvaises, et auxquelles je n'attache aucune prétention, j'aurois renoncé à la comédie de caractere, quand bien même j'en aurois eu le talent : car le talent ne suffit pas; c'est du sujet que dépend le sort d'une piece. Si cela n'étoit pas vrai, nos grands hommes n'auroient fait que des chefs-d'œuvre.

Peut-être aussi, et je le croirois bien, mon impuissance m'a-t-elle rendu mes raisons meilleures. J'en conviendrai volontiers à chaque bonne comédie de caractere que l'on nous donnera : le plaisir qu'elle me fera éprouver sera bien plus vif que le chagrin de me dédire. Mais en attendant je croirai qu'il ne reste plus à traiter que la comédie de sentiment et la comédie d'intrigue.

Ces deux genres me semblent iné-puisables. Avec de l'esprit et de la sensibilité, on trouvera toujours des situations, des intérêts nouveaux. Les vices, les travers, sont bornés; mais les passions sont un champ immense.

J'entends par la comédie de sentiment celle que La Chaussée fera vivre à jamais, malgré les épigrammes de ses ennemis; celle qui met sous les yeux du spectateur des personnages vertueux et persécutés; une situation attachante où la passion combat le devoir, où l'honneur triomphe de l'intérêt; celle enfin qui sait nous instruire sans nous ennuyer, nous attendrir sans nous attrister, et qui fait couler ces douces larmes, le premier besoin d'un cœur sensible.

La comédie d'intrigue, qui porte

sur la même base que la comédie de
sentiment, l'intérêt, emploie des
moyens tout différents. Un vieillard
amoureux, un rival ridicule, des va-
lets adroits, des dangers sans cesse
renaissants dont on se tire à force
de ruses, et sur-tout des méprises,
moyen toujours sûr au théâtre, voilà
par quels ressorts elle égaie le spectateur, l'intéresse assez pour l'amuser, et le fait rire des malheurs qui
peuvent lui arriver le lendemain.

La réunion de ces deux genres feroit sans doute un bon ouvrage; mais
cette réunion est extrêmement difficile. Presque toujours le comique
nuit à l'intérêt, et l'intérêt exclut le
comique. J'ai cru pourtant qu'il n'é-
toit pas impossible de les allier. J'ai

pensé que le sentiment et la plaisan-
terie pouvoient tellement être unis,
qu'ils fussent quelquefois confon-
dus, que le spectateur s'égayât et
s'attendrît dans le même instant, en
un mot que le même personnage fît
rire et pleurer à la fois. Pour cela j'a-
vois besoin d'Arlequin.

Ce caractere est le seul peut-être
qui rassemble l'esprit et la naïveté,
la finesse et la balourdise. Arlequin,
toujours bon, toujours facile à tromper, croit tout ce qu'on lui dit, donne
dans tous les pieges qu'on lui tend :
rien ne l'étonne, tout l'embarrasse ;
il n'a point de raison, il n'a que de
la sensibilité ; il se fâche, s'appaise,
s'afflige, se console dans le même
instant : sa joie et sa douleur sont

également plaisantes. Ce n'est pourtant point un bouffon; ce n'est pas non plus un personnage sérieux : c'est un grand enfant ; il en a les graces, la douceur, l'ingénuité : et les enfants sont si aimables, que j'ai cru mon succès certain si je pouvois donner à cet enfant toute la raison, tout l'esprit, toute la délicatesse d'un homme.

Delisle et Marivaux en avoient déja tiré un grand parti. Le premier a fait de son Arlequin un philosophe de la nature, qui voit les objets tels qu'ils sont, s'exprime simplement, mais avec énergie, et fait toujours rire en raisonnant juste.

Marivaux, ce grand anatomiste du cœur humain, qui pour avoir voulu tout dire n'a pas toujours dit ce qu'il falloit, Marivaux a fait des Arlequins moins naturels, moins philosophes que ceux de Delisle, mais plus délicats, plus aimables, et qui, à force d'esprit, rencontrent quelquefois la naïveté.

Je n'ai voulu copier ni Marivaux, ni Delisle. Cela ne m'auroit pas été facile : l'un avoit plus d'esprit, l'autre plus de profondeur que moi. J'ai voulu peindre un Arlequin bon, doux, ingénu, simple sans être bête, parlant purement, et exprimant avec naïveté les sentiments d'un cœur très tendre. Une fois ce caractere établi, non d'après les auteurs qui s'en étoient servis avant moi, mais d'après mes idées particulieres, j'ai cherché des intrigues qui pussent m'aider à le développer. J'étois presque sûr que mon héros étoit intéressant ; son masque et son habit le rendoient comique : il ne falloit plus que trouver des situations attachantes, et je devois faire rire et pleurer. Il reste à savoir si j'y suis parvenu.

J'osai risquer pour la premiere fois sur le théâtre, en 1779, l'Arlequin que je m'étois créé. Il y avoit alors plus de vingt ans que la comédie italienne avoit abandonné les pieces de Marivaux et de Delisle, pour des cannevas italiens que les acteurs remplissoient à leur gré. J'osai tenter de rappeller un genre oublié. Je fis représenter par des acteurs italiens une piece toute françoise, LES DEUX BILLETS. Elle

réussit, quoiqu'elle ne fût pas jouée
par le célebre Carlin, acteur à jamais
recommandable par ses graces , par
son naturel, et à qui peut-être il n'a
manqué que de la mémoire pour être
le premier des acteurs comiques.

D'après ce succès qui m'encoura-
gea, d'après une chûte qui m'éclai-
ra (1), je voulus donner à toutes mes
pieces un but de morale et d'utilité.
Cette idée n'avoit rien de neuf; car
toutes les bonnes comédies sont ou
doivent être morales. Mais avec le
personnage que j'avois choisi, je ne
pouvois pas développer de grands
travers , ni prétendre à corriger les

----

(1) Arlequin roi , dame et valet, tombé le 5
novembre 1779 , et jetté au feu le 6 du même
mois.

2.

hommes, en leur montrant leurs
vices ou leurs ridicules : j'essayai
du moins de les exciter à la vertu,
en leur rappellant combien elle est
aimable, combien elle donne de vrais
plaisirs. Je voulus sur-tout leur présenter le tableau de ces vertus fami-
lieres, de ces vertus de tous les jours,
les plus utiles peut-être, les plus nécessaires au bonheur : car, ce ne sont
pas, ce me semble, les grands pré-
ceptes de la morale et de la philoso-
phie que l'on trouve à mettre en pra-
tique le plus souvent. On est rare-
ment dans le cas de sacrifier à son
devoir, à la patrie, à l'honneur, son
repos, sa fortune, sa vie ; mais on
est tous les jours obligé d'être un bon
fils, un bon époux, un bon pere.

Voilà les vertus dont je voulus essayer de donner des modeles, en amusant ceux à qui je les présentois. J'avois déja point le désintéressement du véritable amour ; je tentai de peindre le bonheur de deux époux bien unis, et de prouver qu'il ne faut jamais soupçonner un cœur que l'on connoît vertueux. Je voulus ensuite présenter le tableau d'un pere qui adore sa fille, et qui voit sa tendresse récompensée par la confiance la plus entiere ; celui d'une mere sage qui se sacrifie elle-même pour rendre sa fille au bonheur ; enfin celui d'un fils vertueux et sensible qui immole sa passion à sa mere.

Tels sont les sujets des DEUX BILLETS, du BON MÉNAGE, du BON PERE, de LA BONNE MERE, et du BON FILS. Les trois premieres pieces forment, pour ainsi dire, le roman de mon Arlequin mis en action dans les trois états de la vie les plus intéressants: ceux d'amant, d'époux, et de pere. En lui conservant toujours son caractere original, je l'ai fait parler différemment dans ces trois comédies, parceque ses affections et son âge sont différents.

Dans LES DEUX BILLETS, Arlequin est très jeune et amoureux. Il a plus d'esprit que dans les deux autres pieces, par la raison qu'il est amoureux, et que l'amour, qui ôte souvent l'esprit à ceux qui en ont, en donne infiniment à ceux qui, comme Arlequin, ne savent ce que c'est

Quant à sa façon d'aimer, elle est peinte dans la pièce. Le succès qu'elle a eu ne m'a point aveuglé sur le défaut du dénouement. Le billet de loterie devroit rentrer dans les mains de son vrai maître par un moyen plus ingénieux que celui dont se sert Argentine : je le sais, et j'avoue en toute humilité que je n'ai pu en trouver un autre.

Dans LE BON MÉNAGE, Arlequin est marié depuis long-temps. Il adore sa femme ; mais cet amour, le meilleur de tous, fondé sur l'estime et la confiance, doit être aussi tendre et moins galant que celui des DEUX BILLETS. Aussi ai-je tâché de rendre le dialogue plus simple et plus naturel. Arlequin joue avec ses enfants, et cause avec sa femme; l'esprit n'a rien à faire là. Deux époux bien unis, bien sûrs l'un de l'autre, ne font pas des madrigaux ; ils sont mutuellement, et sans avoir besoin de s'en avertir, l'objet constant de toutes leurs actions, de toutes leurs pensées : mais ils ne parlent point d'amour, cela va sans dire; ils s'aiment, puisqu'ils existent.

Quelques personnes ont trouvé mauvais qu'Arlequin pardonnât à sa femme, avant qu'elle ait prouvé son innocence. Si c'est un défaut, on doit m'en savoir d'autant plus mauvais gré, que c'est pour ce défaut que j'ai fait la piece.

LE BON PERE est écrit d'un style plus élevé que celui des deux autres

comédies ; et je dois m'en justifier.
Arlequin est devenu riche ; il vit à
Paris dans la bonne compagnie ; un
homme de condition veut épouser sa
fille : il est impossible qu'il n'ait pas
pris un peu du ton de ceux qui l'en-
tourent. Il n'a plus son habit, il n'a
que son masque : j'ai tâché de ne lui
conserver de son ancien langage qu'en
proportion de ce qui lui restoit d'Arlequin.

Le grand défaut de ce petit ouvrage, c'est qu'Arlequin ne fasse point
d'action principale qui caractérise
précisément un bon pere. Il pourroit s'appeller tout aussi bien L'HON-
NÊTE HOMME ; et le dénouement jus-
tifieroit mieux ce dernier titre. J'en
conviens ; et j'ai tâché de réparer

cette faute en multipliant les détails
de tendresse paternelle , en représen-
tant un pere toujours occupé de sa
fille, ne parlant que de sa fille, ne pou-
vant être heureux que du bonheur
de sa fille. Je n'ose pas ajouter qu'un
grand sacrifice , un beau trait d'amitié paternelle, est peut-être moins difficile , et caractérise moins un bon
pere, que cette habitude continuelle
de sollicitude et de tendresse.

Le rôle d'Arlequin dans LA BONNE
MERE est bien moins considérable
que ceux dont je viens de parler. J'ai
craint qu'il n'attirât trop l'attention
qui doit se porter sur la bonne mere.
J'ai été un peu gêné dans les détails
de tendresse que j'ai donnés à cette
bonne mere , parceque j'avois déja

fait le bon Pere, et que la ressemblance de ces deux caracteres en de-
voit mettre nécessairement dans l'ex-
pression de leurs sentiments. Aussi
ai-je bien senti que Mathurine n'a
pas, dans ses scenes avec Lucette,
autant d'amour, de douceur, d'épan-
chements tendres, que le bon pere
avec Nisida. Ce défaut est peut-être
racheté par la belle action de Mathurine; de sorte qu'elle ne fait qu'a-
gir, et le bon pere ne fait que parler.
Chacun des deux ouvrages a son défaut, que l'on verra bien sans que je
le dise; mais j'aime mieux le dire le
premier.

Dans LE BON FILS, il n'y a point
d'Arlequin, parceque la situation du
bon fils, obligé de choisir entre sa

mere et sa maîtresse, forcé de sacrifier l'une à l'autre, semble exclure de
son rôle toute espece de comique.
Non seulement il ne faut pas que
le bon fils rie, mais il ne faut pas
qu'il fasse rire un moment. L'intérêt
est, ce me semble, trop vif, trop
grand, pour admettre le moindre comique. Dès lors, il est nécessaire de
bannir toute idée d'Arlequin, qui,
dans quelque situation qu'on le place, doit toujours au moins faire sourire.

J'avoue que le grand défaut du BON
FILS est ce manque de comique; j'ai
tâché d'y suppléer par le rôle de Thi-
baut. J'avoue encore que je me suis
consolé d'avoir fait, sans Arlequin,
une comédie en trois actes, où j'ai tâ-

ché de donner un modele de la premiere vertu que l'on met en usage
dans le monde. J'y ai trouvé encore le
plaisir de rassurer quelques personnes
qui, me voyant toujours faire des
pieces avec un Arlequin, craignoient
(par amitié pour moi) que je ne
pusse jamais faire autre chose, et af-
fectoient, pour me ramener au bon
goût, d'appeller mes pieces des ar-
lequinades. Un intérêt si tendre mé-
ritoit bien que je prisse la peine de
faire une comédie sans Arlequin.
J'aurois eu d'autant plus mauvaise
grace à leur refuser cette complai-
sance, que LE BON FILS est, de tous
mes ouvrages, celui qui m'a le moins
coûté.

Afin de compléter ce petit cours

de morale, j'ai voulu faire une piece pour des enfants. J'ai pris mon sujet dans M. Gessner; et le nom de cet aimable auteur m'a rendu ce sujet plus doux que si je l'avois inventé. J'ai eu grand soin de faire imprimer à la tête de ma pastorale la charmante idylle qui me l'a fournie. J'ai été fier de mêler dans mes ouvrages un ouvrage du chantre d'Abel. Il m'a semblé que cette idylle porteroit bonheur à mon recueil, et qu'une simple fleur du jardin de M. Gessner suffiroit pour parfumer tout mon bouquet.

J'ai encore eu un autre espoir en faisant cette petite pastorale. Je me suis flatté que dans ces familles bien unies que j'ai toujours en vue lorsque je travaille, les enfants de la maison joueroient MYRTIL ET CHLOÉ à la fête de leur mere, à la convalescence de leur pere. Cette idée m'a réjoui, parceque j'aime les enfants, et j'aime les fêtes de familles. Je suis sûr d'avance que le jeu de ces aimables acteurs, la circonstance, l'émotion d'un cœur paternel, effaceront tous les défauts de mon petit ouvrage; et la certitude qu'il fera couler des larmes a suffi pour me rendre chere cette bagatelle, qui ne vaut pas la peine d'être examinée.

JEANNOT ET COLIN fut mon premier ouvrage, quoique LES DEUX BILLETS aient été joués avant cette piece.

3.

Si je la faisois aujourd'hui, ce ne seroient point Colin et Colette qui pa-
roîtroient les premiers pour annoncer
Jeannot ; ce seroit au contraire Jeannot qui annonceroit Colin et Colette,
parceque ces derniers sont les plus
intéressants, et que leur arrivée, qui
ne fait point d'effet puisqu'on ne les
connoît pas, en feroit beaucoup si l'on
avoit parlé d'eux. J'amenerois sur la
scene tous les personnages , tous les
tableaux dont ce sujet est susceptible;
je tàcherois de peindre les faux amis,
les flatteurs , les parvenus ; enfin je
suivrois mieux le conte dont je me
suis trop écarté. Mais, dans le temps
où j'ai fait cette piece , je n'y voyois
que Colin et Colette ; je regardois

comme inutiles toutes les scenes où je ne parlerois pas d'amour ou d'amitié. Au lieu d'une bonne comédie, qu'un homme plus savant que moi auroit faite, je ne voulois écrire qu'un petit drame touchant. Heureusement je pleurois en travaillant ; quelques spectateurs ont pleuré à la représentation, et ma piece a été sauvée. L'attachement qu'on a toujours pour son premier ouvrage m'a empêché d'y retoucher. Je n'en applaudirois pas moins à celui qui traiteroit ce sujet d'une maniere plus digne du conte.

La ressemblance parfaite de deux Arlequins m'avoit toujours semblé un joli sujet de comédie. L'ancienne piece des deux Arlequins, de Le Noble, m'encourageoit à la faire; mais les Ménechmes m'effrayoient. Je pris le parti de réduire ma comédie à un acte, pour éviter toutes les situations qui se trouvent dans les Ménechmes. J'observai scrupuleusement de couper toutes les scenes qui pouvoient ressembler à celles de Regnard, et cela n'a pas empêché de dire que j'avois copié les Ménechmes.

Ce n'est point là le défaut de cette petite comédie, qui peche plutôt par le manque d'intrigue. Comme ce reproche est grave, je ne veux point en trop parler. D'ailleurs, de toutes mes pieces, celle des JUMEAUX DE BERGAME a le plus réussi; et je n'ai garde d'appeller du jugement du public.

J'ai voulu faire un mélodrame ;
et je crois avoir bien choisi le sujet
d'Héro et Léandre. Ovide m'a fourni plusieurs traits ; c'est le seul mérite de cette bagatelle.

Je ne détaillerai point les défauts
du Baiser, et de Blanche et Vermeille, parcequ'on leur en a trouvé
beaucoup. La féerie et la pastorale ne
sont plus de mode ; et l'on a raison
de rejetter un genre trop éloigné de
la nature. Plus j'ai senti le défaut de
ce genre, plus je me suis attaché à
les soutenir par le style. Le temps et
le travail n'y ont pas été épargnés.
J'ai refait le Baiser en trois, en deux,
en un acte ; en opéra comique, en
comédie. J'ai donné Blanche et Ver-

meille en prose, je l'ai remise en vers. Ces deux pieces n'en sont peut-être pas meilleures; mais je les joins à ce recueil, parceque l'enfant que l'on chérit le mieux est toujours celui qui a pensé mourir.

Les ouvrages dont je viens de parler composent tout mon petit théâtre. Le rôle d'Arlequin le rend plus difficile qu'un autre à représenter dans les provinces, où presque toutes les troupes manquent d'Arlequin. Quoique ce rôle perde beaucoup sans l'habit et sans le masque, on peut cependant le remplacer par un Lubin semblable à celui de la SECONDE SURPRISE DE L'AMOUR. C'est à-peu-près le même caractere; et l'expérience en a été faite dans plusieurs villes , où tous mes Arlequins ont été joués avec succès par des Lubins. On auroit encore moins de peine à faire du Bon Pere un bon bourgeois qui s'appelleroit M. Mondor.

C'est à ce court recueil que je borne ma carriere dramatique : je la trouve trop difficile pour mon foible talent. J'ai fait de mon mieux : je n'ai pas trop bien fait ; c'est une raison de plus pour me reposer. Je me suis hasardé sur une mer orageuse avec une petite nacelle ; c'étoit une imprudence. Heureusement ma nacelle , après deux ou trois coups de vent , est rentrée saine et sauve dans le port ; j'en remercie le ciel , et je n'ai rien de mieux à faire que d'offrir mon petit bateau en action de grace au dieu qui m'a sauvé : ce dieu est le public, ce recueil est ma nacelle.

LES DEUX BILLETS,

COMÉDIE

EN UN ACTE ET EN PROSE;

Représentée pour la premiere fois par les Comédiens Italiens ordinaires du Roi, le mardi 9 février 1779.

PERSONNAGES.

ARLEQUIN, amant d'Argentine.

ARGENTINE.

SCAPIN, rival d'Arlequin.

La scene est à Paris, dans une place publique, où l'on voit la maison où demeure Argentine.

F.M Queverdo Inv Del.

Demeran Sculp

Ah! c'est le mien qu'on ma volé

LES
DEUX BILLETS,
COMÉDIE.

SCENE PREMIERE.

ARLEQUIN, seul, un billet à la main.

Voici la premiere fois que je suis bien aise de savoir lire. Quel bonheur! elle m'aime. J'en suis sûr à présent ; elle l'a dit, elle l'a écrit, et Argentine ne peut pas mentir : elle a la bouche trop jolie et la main trop blanche pour tromper. Relisons encore son billet. (Il lit.) « Sois tranquille, mon bon ami, « ton rival ne doit te donner aucune « inquiétude. Je t'aime»..Je t'aime!.. Je n'ose pas baiser ce mot-là, de peur de l'effacer. (Il continue de lire.) « mon « cœur est à toi pour toujours : tu au

« ras ma main quand tu voudras ». Quand je voudrai ! Je ne fais que le vouloir depuis que je la connois. Ma chere lettre, ma bonne lettre ! (Il la baise.) Allons, plus d'inquiétude. Ce coquin de Scapin m'offusquoit. Il fait semblant d'aimer mon Argentine ; et souvent ces amoureux menteurs ont de l'avantage sur les amoureux qui parlent vrai. Heureusement Argentine n'est pas de cet avis-là. Allons la remercier, et prendre jour pour notre mariage. Ah ! comme il fera beau ce jour-là ! (Il va et revient.) Il y a pourtant quelque chose qui me chagrine : Argentine a du bien, je n'ai rien, moi : je voudrois être riche, ou qu'elle fût pauvre. Quand il y a, comme cela, de l'argent d'un côté et qu'il n'y a que de l'amour de l'autre, je ne sais pas, mais cela ne va jamais si bien que lorsque tout est égal et qu'il y a amour contre amour. J'ai beau faire, je ne peux pas

devenir riche : tous les mois je mets
mes gages à la loterie ; mes numéros
restent toujours au fond du sac. J'en
ai encore pris trois pour ce tirage-ci,
les voilà: (Il tire un billet de loterie.) 7 , 19, 48.
J'ai mis six francs sur ce terne-là : s'il
sort , ma fortune est faite , et je l'of-
fre à ma chere Argentine ; s'il ne sort
pas, au premier tirage je prendrai tous
les numéros , nous verrons s'il en sor-
tira un. En attendant , allons trouver
Argentine... Mais voici Scapin , ca-
chons ma lettre, et attendons qu'il soit
parti. (Arlequin met ses deux billets dans la
même poche.)

SCENE II

ARLEQUIN, SCAPIN.

SCAPIN.

Bon jour, Arlequin.

ARLEQUIN.

Serviteur, monsieur.

SCAPIN.

Comment, monsieur! Tu me parles toujours comme si tu étois fâché. Je ne te ressemble pas, moi; et...

ARLEQUIN.

Oh! je sais fort bien que nous ne nous ressemblons guere.

SCAPIN.

Mais tu n'y penses pas, mon ami: parceque nous aimons tous deux la même personne, faut-il que nous nous détestions? Une femme ne vaut pas la peine que deux honnêtes gens se brouillent.

ARLEQUIN.

D'abord, pour que deux honnêtes gens puissent se brouiller, il faut qu'ils soient tous deux honnêtes gens, et...

SCAPIN.

Ah! monsieur Arlequin...

ARLEQUIN.

Monsieur Arlequin ne vous aime pas : je vous le dis franchement. Tout mon bonheur dépend d'Argentine ; je ne sais rien, je ne veux rien, je ne peux rien que l'aimer : et vous, qui voudriez épouser son argent, vous faites semblant de desirer sa personne. Vous lui plairez peut-être plutôt que moi : car un homme qui n'est point amoureux a toute sa tête pour plaire ; au lieu que moi je n'ai rien. Tout cela me tracasse ; je voudrois vous savoir loin d'ici.

SCAPIN.

Mon cher Arlequin, il faut pourtant s'accoutumer aux rivaux : tu es un beau garçon, sans doute ; mais il y a des gens courageux que cela n'effraie pas. Il faudroit bien prendre ton parti, si Argentine ne rendoit pas justice à ton mérite.

ARLEQUIN.

Je le prendrai , soyez tranquille. Bon soir.

SCAPIN

Où vas-tu donc ?

ARLEQUIN.

Je vais voir tirer la loterie.

SCAPIN.

Elle est tirée, il y a plus d'une demi-heure. J'ai la liste dans ma poche, voici les numéros : 7 , 20 , 48 , 12 , 19.

ARLEQUIN.

Que dis-tu ? Attends. (Il tire son billet de loterie.) 7 en est-il ?

SCAPIN.

Oui.

ARLEQUIN.

19 aussi ?

SCAPIN.

Oui.

ARLEQUIN.

Et 48 aussi ?

SCAPIN.

48 aussi.

ARLEQUIN.

Ah ! tu badines ?

SCAPIN.

Non, ma foi ; regarde toi-même.

ARLEQUIN.

Ma fortune est faite, mon terne est venu. Que d'argent je vais avoir ! C'est bon, mon mariage sera tout d'amour.

SCAPIN.

Comment ! (Il regarde le billet d'Arlequin.) Il a, ma foi, raison. Ce drôle-là est bien heureux !

ARLEQUIN.

Il y avoit long-temps que je guettois ce terne-là, je suis sûr que j'ai passé près de lui plus de trente fois :

à la fin je l'ai attrapé. (Il remet son billet
dans la même poche.)

SCAPIN, à part.

Si je pouvois accrocher ce billet-là!

ARLEQUIN.

Adieu, je vais me faire payer; car
je dois placer tout de suite cet argent,
non pas sur ma tête, mais sous les plus
jolis petits pieds du monde.

SCAPIN.

Attends donc, tu ne sais seulement pas où il faut aller pour te faire
payer.

ARLEQUIN.

Non.

SCAPIN.

Écoute : je vais t'indiquer où demeure celui qui paie. (Pendant tout le
reste de la scene , Scapin cherche à voler le billet
d'Arlequin , et celui-ci le dérange toujours.) Tu
sais bien où est le Luxembourg?

ARLEQUIN.

Oui.

SCAPIN.

Eh bien , c'est là que l'on paie.

ARLEQUIN.

Au Luxembourg ?

SCAPIN.

Oui... C'est-à-dire... Non... avant
d'y entrer , à droite tu verras une
porte-cochere... Tiens... voilà le Luxembourg, là... à droite , il y a une
porte-cochere... jaune.

ARLEQUIN.

Une porte jaune ?

SCAPIN, vîte.

Oui ; tu la reconnoîtras tout de
suite. Tu frapperas, l'on t'ouvrira ; tu
entres , tu vois un escalier à gauche ,
tu montes ; tu trouves au premier une
petite porte grise , une sonnette avec
un pied de biche ; tu sonnes : vient
un domestique : Je demande à parler
à M. le Directeur. Donnez-vous la
peine d'entrer. On te mene à son bureau , tu lui montres ton billet. Vîte

de l'argent à monsieur, trente sacs de mille francs, voyez si le compte y est. (*Arlequin regarde, Scapin vole le billet.*) On te prend ton billet, et tout est fini.

ARLEQUIN.

Oh! c'est clair. Vis-à-vis, porte jaune, porte grise, pied de biche, domestique, l'escalier, et de l'argent: c'est clair. J'y cours tout de suite. Pardi! sans toi j'aurois été bien embarrassé; je te remercie.

SCAPIN.

Il n'y a pas de quoi. Bon soir, mon ami; n'oublie pas la porte jaune.

ARLEQUIN.

Oh! je la trouverai bien. (*Il sort.*)

SCENE III.

SCAPIN, seul.

Si nous n'avions pas le soin d'y mettre ordre, il n'y auroit que ces imbécilles-là d'heureux. On a bien raison de dire que la fortune n'est que pour les bêtes : j'ai mis cent fois à la loterie, jamais je n'ai pu attraper un lot ; voici le premier. De quel bureau est-il ? (Il déplie le billet.) Ah ciel ! je me suis trompé : il faut être bien malheureux ! comment ! je ne peux pas gagner à la loterie, même en volant les billets qui ont gagné ! celui-ci n'est plus qu'une lettre. (Il lit.) « Sois tranquille, mon « bon ami, ton rival ne doit te donner « aucune inquiétude. Je t'aime ; mon « cœur est à toi pour toujours : tu au-« ras ma main quand tu voudras ». Voilà qui est clair : ce billet est d'Argentine. Ah ! il aura sa main quand il

voudra ! Cela n'est pas si sûr : je vais
tirer parti de ma gaucherie ; et puisque j'ai manqué le billet de loterie, je
ferai valoir celui-ci. (Il frappe à la porte
d'Argentine.) Mademoiselle Argentine.

SCENE IV.

ARGENTINE, SCAPIN.

ARGENTINE.

Ah ! c'est vous, monsieur Scapin ?

SCAPIN.

Oui, mademoiselle, toujours le
même....

ARGENTINE.

Tant pis pour vous.

SCAPIN.

Toujours malheureux, et ne vous
en adorant pas moins.

ARGENTINE.

Vous êtes bien bon, car je ne vous
en aime pas davantage.

SCAPIN.

Je ne le sais que trop, mademoiselle, et j'en suis d'autant plus affligé que ce sort-là n'est pas commun à
tous vos amants. Il en est un que votre
cœur a choisi, à qui vous écrivez des
lettres bien tendres.

ARGENTINE.

Comment! Que voulez-vous dire?
Monsieur Scapin, vous avez grand
tort de sortir de votre personnage ordinaire; il vaut encore mieux être ennuyeux qu'impertinent.

SCAPIN.

Pardon, mademoiselle; je voulois
vous parler d'une certaine lettre qui
court le monde, et que les méchants
prétendent que vous avez écrite à
monsieur Arlequin. Je l'ai, cette lettre; je vous la rapportois : mais je me
garderai bien de rien dire, puisque ce
seroit manquer au respect que je vous
dois.

ARGENTINE.

Vous me la rapportez ? Ah ! mon cher Scapin, expliquez-vous, je vous supplie : s'il est vrai que vous m'aimez, vous jugez bien...

SCAPIN.

Sûrement je vous aime, et j'espere qu'aujourd'hui vous reconnoîtrez vos injustices à mon égard. Vous connoissez mademoiselle Violette, qui demeure ici près ? Monsieur Arlequin en est amoureux : et pour lui donner une preuve certaine de son attachement, il lui a sacrifié un billet qu'il a dit être de vous. Le voici.

ARGENTINE,

Ah ciel !

SCAPIN.

Mademoiselle Violette, qui ne vous aime pas, parcequ'elle n'est pas aussi jolie que vous, n'a rien eu de plus pressé que de confier ce billet à tous ses amis. Ce matin, en traversant le

Palais royal, j'ai entendu des éclats
de rire, et j'ai vu du monde attroupé ;
c'étoient M. Mezzetin, M. Trivelin,
M. Pascariel, qui se passoient votre
billet. L'un faisoit une épigramme :
l'autre disoit un bon mot. J'avoue que
je n'ai pas été le maître de ma colere ;
vous me le pardonnerez bien : je m'en
suis pris à tous les trois, sur-tout à
Trivelin, qui étoit le possesseur du
billet ; je l'ai menacé, il a eu peur, et
me l'a rendu. Je vous le rapportois ;
et, pour prix de mon zele, vous savez
la maniere dont vous m'avez reçu.

ARGENTINE.

Je n'ose vous faire des excuses, ni
vous remercier : j'ai trop à rougir de
ce que je vous dois et de ce que j'ai
fait pour un autre.

SCAPIN.

Mademoiselle, le bonheur de ma
vie auroit été de devoir votre cœur à
vous-même et non pas au desir de vous

5.

venger : mais je suis trop amoureux pour être si délicat ; et je serai encore le plus heureux des hommes, si la per-fidie d'Arlequin...

ARGENTINE.

Ah ! ne me parlez pas de lui ; son nom seul me met en fureur. Si vous saviez jusqu'à quel point il a poussé la fausseté... Non, il n'est pas possible de l'imaginer. Et moi, qui croyois si bien le connoître.... Jamais je ne me le pardonnerai, et je m'en souviendrai toujours pour le haïr davantage.

SCAPIN.

Contenez-vous, car je l'entends.

ARGENTINE.

Je ne veux pas le voir.

SCAPIN.

Au contraire, restez pour le bien humilier et le punir comme il le mé-rite.

ARGENTINE.

Jamais je n'y parviendrai.

SCENE V.

ARGENTINE, SCAPIN, ARLEQUIN.

ARLEQUIN, *sans voir Argentine.*

LE diable t'emporte avec ta porte jaune! J'ai frappé à toutes les portes jaunes et à toutes les portes à droite, jamais je n'ai pu trouver un Directeur. Viens me conduire toi-même… (*Il apperçoit Argentine.*) Ah! la voilà. J'ai tout plein de choses à vous dire: mais, quand je vous vois, je ne m'en souviens plus; quand je suis loin de vous, elles reviennent si vîte que cela m'étouffe: je crois que je n'aurai qu'un moyen pour m'en souvenir, c'est de vous regarder les yeux fermés, car autrement il m'est impossible de penser à autre chose qu'à vous voir. (*À Scapin.*) Va-t'en, toi, tu nous gênes.

ARGENTINE.

Non, il peut rester; il ne me gênera
pas.

SCAPIN.

Après la maniere dont mademoiselle s'est expliquée sur ton compte,
après les assurances par écrit qu'elle
t'a données de sa tendresse, il me
semble que rien ne doit te gêner.

ARLEQUIN, bas à Argentine.

Vous lui avez donc tout conté?...
Hé!..... vous lui avez tout dit? ....
(Scapin rit.) Il a l'air de se douter de
quelque chose. Monsieur Scapin, ex-
pliquons-nous, je vous en prie; vous
aimez mademoiselle Argentine, n'est-
il pas vrai?

SCAPIN.

Sans doute, je l'aime : elle le sait
bien.

ARLEQUIN.

Eh bien! moi, je l'aime aussi; et
je n'aime pas qu'on l'aime. Ainsi,
puisque nous voilà devant elle, elle

va nous dire quel est celui de nous
deux qui lui a le plus plu ; à condition que l'autre se retirera sans bruit,
et ne traversera plus l'heureux qu'elle
aura choisi : y consentez-vous , monsieur Scapin ?

SCAPIN.

Touchez là , monsieur Arlequin.
Souvenez-vous de ce que vous dites :
mademoiselle va choisir , et celui
qu'elle refusera n'aura plus la moindre prétention.

ARLEQUIN.

De tout mon cœur. (Il rit.) Oh ! qu'il
est bête !

SCAPIN.

Allons , mademoiselle , vous venez
d'entendre nos conventions ; c'est à
vous à nous juger.

ARLEQUIN.

Oui, c'est à vous à nous juger.
(À part.) Oh ! la bestiasse !

ARGENTINE, à part.

Je serai malheureuse ; mais je veux me venger.

SCAPIN.

Eh bien , mademoiselle ?

ARGENTINE.

Eh bien ! je vais m'expliquer : mon choix est fait depuis long-temps , je l'ai même écrit à celui que j'ai choisi : celui de vous deux qui a un billet de moi n'a qu'à me le montrer , je lui donne ma main.

ARLEQUIN.

C'est clair cela. (Scapin fouille dans sa poche.) Oui, cherche , cherche, tu le trouveras... Le voici, ce billet, (Il tire le billet de loterie.) le voici : ainsi , monsieur Scapin , adieu , on n'aura plus l'honneur de vous revoir.

ARGENTINE, vivement.

Voyons... C'est un billet de loterie.

ARLEQUIN.

Ah ! oui. Vous ne savez pas, le bon-

heur m'a écrasé aujourd'hui ; j'ai gagné... Mais où ai-je donc mis mon
autre billet ? Celui-là n'est pas le
meilleur. L'aurois-je perdu ?

SCAPIN.

C'est peut-être moi qui l'ai trouvé.
Tenez, mademoiselle, voilà un billet
que je crois de vous.

ARGENTINE lit.

« Sois tranquille, mon bon ami. »

ARLEQUIN.

Ah ! c'est le mien qu'on m'a volé.

ARGENTINE.

Qu'on t'a volé ! Tu crois donc m'a-
buser jusqu'au dernier moment ? non,
traître, je te connois. Va chez Violette, va lui porter mes lettres, lui
dire que tu me sacrifies à elle ; et reviens ensuite me jurer que tu m'ado-
res : ose y revenir, me parler, me regarder seulement. Traître, scélérat,
tu m'as trompée ; mais tu ne m'abu-
seras plus, et ma vengeance ne s'en

tiendra pas là. Et vous, Scapin, gardez ce billet ; j'ai promis ma main à celui qui en seroit possesseur, je tiendrai ma parole, vous pouvez y compter.

(Elle sort.)

SCENE VI.

ARLEQUIN, SCAPIN.

(Ils se regardent sans rien dire.)

ARLEQUIN.

Que veut dire tout ceci ? D'où vient que je n'ai plus mon billet ; que tu l'as, toi ; et qu'à propos de rien Argentine me traite comme cela ?

SCAPIN.

Je n'en sais rien, mon ami. Argentine m'a donné elle-même ce billet, en me disant que c'étoit moi qu'elle vouloit épouser.

ARLEQUIN.

Mais ce billet est à moi ; je le re-
connois bien : il est presque tout ef-
facé, tant nous nous étions embras-
sés. Comment Argentine a-t-elle pu
l'avoir ? Elle m'a fait entendre que
j'aimois Violette ; moi qui n'ai jamais
rien aimé dans le monde qu'Argentine ! Suis-je assez malheureux ! Ah !
je le disois bien ce matin, que j'étois
trop heureux : cela ne pouvoit pas du-
rer. Tu vas donc l'épouser, toi ?

SCAPIN.

Mais oui, puisqu'elle le veut."

ARLEQUIN.

Tiens, je te conseille de t'en aller ;
car je pourrois fort bien te rosser de
maniere à retarder ton mariage. Tout
ceci n'est peut-être qu'une frippon-
nerie de ta part : je l'avois dans ma
poche, ce billet, et tu me l'auras volé.

SCAPIN.

Ah ! mon ami, que tu me connois

mal ! Tu avois dans la même poche
un billet de loterie qui vaut dix mille
écus ; assurément j'aurois pris celui-
là si j'avois pu te voler.

ARLEQUIN.

Plût à Dieu qu'on me l'eût pris
et qu'on m'eût laissé ma lettre ! Que
deviendrai-je à présent ? Elle ne m'aime plus , elle va en épouser un autre.
(Il pleure.) Ah ! ah ! je vais être tout seul
dans le monde. Allons , il faut tâcher
de mourir avant que le mariage soit
fait. (Il pleure.)

SCAPIN.

Tu me fais pitié , mon ami ; et mon
attachement pour toi l'emporte sur
mon amour. Écoute : Argentine a
promis d'épouser celui qui lui rap-
porteroit son billet : je l'ai , ce billet ;
je te le donnerai , si tu veux me donner celui de la loterie.

ARLEQUIN.

Donne, donne vîte; tiens, le voilà:

de ma vie je n'ai fait une si bonne affaire.

SCAPIN.

Ni moi non plus.

(Ils changent de billet.)

ARLEQUIN, s'adressant à celui
d'Argentine.

Ah ! vous revoilà donc, monsieur !
et pourquoi m'avez-vous quitté ? Petit
ingrat, petit étourdi, parlez, irez-vous
encore courir le monde ? Irez-vous encore vous mettre prisonnier chez les
arabes, afin que je paie votre rançon ?
Ne vous en avisez plus ; car je n'ai plus
rien. Allons, je veux bien vous pardonner vos fredaines ; embrassons-
nous, (Il le baise.) et que tout soit fini.

SCAPIN.

Ah çà, le billet est à moi ?

ARLEQUIN.

Eh ! sans doute ; c'est dit cela. Je
t'ai donné un billet au porteur, tu m'as
donné un billet au porteur : je sou-

haite seulement que le mien soit payé
aussi aisément que le tien. Mais j'ai
peur que ce drôle-là ne décampe encore, je vais le rapporter à sa maîtresse. Va-t'en, je t'en prie, car je voudrois lui parler seul.

SCAPIN.

Oh ! cela est juste. Adieu, mon
ami ; en vérité, je suis charmé de t'a-
voir fait plaisir. Voilà comme je suis,
moi : j'ai le cœur tendre ; jamais je
n'ai pu résister à des larmes.

ARLEQUIN.

Va, va te faire payer ; ton cœur est
à cette porte jaune où l'on donne de
l'argent.

SCAPIN, à part.

Cachons-nous au coin de la rue,
pour voir comment il sera reçu.

SCENE VII.

ARLEQUIN, ARGENTINE;
SCAPIN, caché.

ARLEQUIN frappe.

Qui est là?

ARGENTINE, à la fenêtre.

Comment! c'est vous! Vous osez
encore regarder ma maison! Vous
espérez peut-être y entrer? Vous
croyez...

ARLEQUIN.

Non, je ne demande pas d'entrer,
vous êtes trop en colere; je ne veux
vous dire que quatre mots : donnez-
vous la peine de descendre, et...

ARGENTINE.

Je ne veux rien entendre : laissez-
moi en repos, et délivrez-moi de votre odieux visage. (Elle ferme la fenêtre.)

6.

SCAPIN, à part.

Bon ; je vais me faire payer et je
reviens trouver Argentine : j'espere
bien l'épouser et avoir les dix mille
écus.

SCENE VIII.

ARLEQUIN, seul.

Je suis bien malheureux ! Je ne pourrai seulement pas lui montrer mon
billet ! Si je perds ce moment-ci, tout
est perdu ; car ce coquin de Scapin va
revenir, et il sera toujours ici. Allons,
du courage ; je sens que j'étouffe, que
je creve de chagrin : mais il faut re-
mettre ma mort à ce soir. Voyons
encore... (Il frappe.) Qui est là?

SCENE IX.

ARLEQUIN ; ARGENTINE , à la fenêtre.

ARGENTINE.

Encore vous !

ARLEQUIN.

Ne vous fâchez pas : je ne demande plus de causer avec vous, puisque vous ne le voulez pas ; mais je vous prie seulement de reprendre votre billet.

ARGENTINE.

C'est vous qui l'avez ? Mais ce malheureux billet court le monde ! Attendez, je descends.

ARLEQUIN.

Ah ! je commence à reprendre un peu d'espoir. Je n'ai rien à me reprocher, je l'aime, je l'ai toujours aimée, elle m'a aimé : quand on consent à écouter quelqu'un qu'on a aimé et qui nous aime, c'est qu'on a envie de le croire... La voilà.

ARGENTINE.

Souvenez-vous que je ne veux point d'explication sur le passé. Dites-moi seulement comment il se fait que vous avez mon billet.

ARLEQUIN.

Tenez, le voilà : il est bien à moi, il fait toute mon espérance et tout mon bonheur : mais comme le bonheur ne vaut rien quand on est heureux sans votre permission, je vous le rendrai, si vous ne consentez pas que je le garde.

ARGENTINE.

Non, assurément, je n'y consentirai pas. (*Elle prend le billet.*) Vous en avez usé d'une maniere si indigne ! aller sacrifier mon billet à une autre femme !

ARLEQUIN.

Une autre femme? Ah! mon cœur

m'est témoin qu'il n'y a pour moi qu'une femme dans le monde; et quand je prends mon cœur à témoin, c'est tout comme si je vous prenois vous-même.

ARGENTINE.

Mais enfin, hier je vous envoyai ce billet, et aujourd'hui Scapin me l'a rapporté.

ARLEQUIN.

Scapin vous l'a rapporté? Voyez le coquin! il m'a dit que c'étoit vous qui le lui aviez donné. Je suis sûr à présent qu'il me l'a volé.

ARGENTINE, à part.

Scapin en est bien capable. Ah! que je voudrois qu'il dît vrai!

ARLEQUIN.

Mais songez donc qu'il y a deux ans que je vous aime; que vous m'avez toujours vu le même. Croyez-vous que j'aurois pu me déguiser si long-temps? Ma bonne amie.... (Argentine le regarde.) mademoiselle , pardonnez-moi d'avoir été volé.

ARGENTINE.

Mais comment se fait-il que vous avez ce billet? Qui vous l'a donné?

ARLEQUIN.

La loterie.

ARGENTINE.

La loterie! Est-ce que l'on a mis mon billet à la loterie? Scapin l'avoit tout-à-l'heure; il vous l'a donc rendu?

ARLEQUIN.

Non pas rendu , mais vendu.

ARGENTINE.

Expliquez-vous.

ARLEQUIN.

Tenez, il faut tout vous dire : j'avois gagné ce matin un terne de six francs à la loterie...

ARGENTINE.

Un terne de six francs! Cela fait une somme prodigieuse.

ARLEQUIN.

Oui, ils disent que cela fait beaucoup d'argent. Heureusement je n'é-
tois pas encore payé ; Scapin , voyant
que je me désolois , m'a proposé de
troquer mon billet de loterie contre
votre billet.

ARGENTINE.

Et tu l'as fait ?

ARLEQUIN.

J'aurois encore donné du retour ,
s'il m'en avoit demandé.

ARGENTINE l'embrasse.

Mon cher ami, va, tu es innocent :
je t'aimerai toute ma vie ; ce dernier
trait me fait sentir ce que tu vaux.

ARLEQUIN.

Comment diable ! vous estimez
donc bien les gens qui font de bons
marchés.

ARGENTINE.

Je te demande pardon de ne pas
t'avoir connu : garde mon billet ; je

te répete, je te jure que je t'aime,
que je n'aimerai jamais que toi; et
dès ce soir nous serons époux.

ARLEQUIN.

Vous me raimez! Ah! quelle joie!
(Il lui baise la main.) Tiens, ma bonne a-
mie, ne me le répete plus, il m'arrive-
roit encore quelque malheur. Laisse-
moi te regarder, je le verrai bien sans
que tu me le dises.

ARGENTINE.

Va, ton bonheur est certain, du
moins tant que mon cœur suffira.

ARLEQUIN.

Ah! comme il y a long-temps que
tu n'as parlé comme cela! Écoute,
fais-moi le plaisir de me dire comment il y a là. (Il lui montre la lettre.)

ARGENTINE.

Je t'aime.

ARLEQUIN. (lazzis.)
Hé! comment dis-tu?

ARGENTINE.

Je t'aime.

ARLEQUIN.

Voyons, que je lise aussi, moi. Je je, (Il épele.) t a ta, i m e, aime, t'aime, je t'aime, je t'aime... Ce mot-là est trop court, je voudrois qu'il tînt tout l'alphabet.

ARGENTINE.

Je te le dirai toute ma vie. Mais laisse-moi m'occuper de te faire rendre le billet qu'il t'a volé.

ARLEQUIN.

Quoi? quel billet?

ARGENTINE.

Ton billet de loterie.

ARLEQUIN.

Oh! non, ma bonne amie, le marché est fait; tiens, n'en parlons plus: il voudroit peut-être revenir là-dessus et ravoir celui-ci. Non, non, tout est fini : tu m'aimes..... ma fortune est faite.

ARGENTINE.

St.... j'entends Scapin. Cache-toi dans notre maison, et n'en sors que lorsque je t'appellerai.

ARLEQUIN, *entrant dans la maison.*

Appelle-moi donc bien vîte.

ARGENTINE.

Oui, oui, laisse-moi faire.

ARLEQUIN, *revenant.*

M'as-tu appellé?

ARGENTINE.

Eh! non, mon ami ; cache-toi donc, le voici : le frippon tient encore le billet.

SCENE X.

ARGENTINE, SCAPIN.

SCAPIN.

CES diables de directeurs vous renvoient toujours au lendemain.....

(Il apperçoit Argentine, et met le billet dans sa poche.) Ah! j'allois chez vous, ma belle Argentine.

ARGENTINE.

Je suis aussi bien aise de vous rencontrer. Vous ne savez pas ce qui s'est passé pendant votre absence.

SCAPIN.

Non : qu'est-il arrivé?

ARGENTINE.

Ce malheureux Arlequin a eu l'insolence de se présenter chez moi : je l'ai reçu de maniere à lui ôter l'envie de revenir.

SCAPIN, riant.

J'ai vu tout cela, mademoiselle : j'étois au coin de la rue lorsque vous avez fermé votre fenêtre sans vouloir l'entendre. Mais parlons de quelque chose qui m'intéresse davantage : vous savez bien la promesse que vous m'avez faite tantôt.

ARGENTINE, à part.

Bon! (haut.) Oui, je vous tiendrai
parole; mais je suis bien aise de m'expliquer auparavant avec vous. Je
prends un époux pour être aimée;
ainsi, mon cher Scapin, si vos sentiments pour moi sont bien sinceres,
j'espere que vous ferez mon bonheur. Grace aux bontés de ma jeune
maîtresse, mademoiselle Rosalba, je
suis riche, et je n'exige pas que mon
époux le soit; je veux lui donner mon
cœur et tout mon bien, et je ne lui
demande que son amour. Dites-moi
donc bien franchement si vous m'aimez, et si vous m'aimez uniquement.

SCAPIN.

Ah, mademoiselle! je voudrois savoir tous les serments possibles pour
vous jurer que toute ma vie...

ARGENTINE.

Écoutez. Je suis méfiante: en ve-
nant ici, vous aviez un papier à la

main, que vous avez caché avec soin ; je suis sûre que c'est une lettre de femme. Je veux que vous me la donniez, je l'exige ; autrement il faut renoncer à moi. Mademoiselle Violette a bien trouvé un amant qui lui sacrifioit mes billets, je veux être aussi heureuse que mademoiselle Violette.

SCAPIN.

Il me sera difficile de vous satisfaire, car dans tout le cours de ma vie jamais femme ne m'a écrit.

ARGENTINE.

Ceci est un détour pour ne pas me montrer le papier que vous teniez à la main ; et votre refus me confirme ce que je pensois.

SCAPIN.

Assurément je voudrois que vous missiez mon amour à des épreuves plus difficiles. Vous allez être bien étonnée quand vous verrez que ce n'est qu'un billet de loterie. (Argentine s'en saisit.)

ARGENTINE.

Je le tiens donc, et j'ai trompé le plus fourbe des hommes! Arlequin, Arlequin.

SCENE XI.

ARLEQUIN, ARGENTINE, SCAPIN.

ARLEQUIN.

QUOI? Qu'y a-t-il? Vous a-t-il volé quelque chose?

ARGENTINE.

Non, mon ami; j'ai au contraire rattrapé ton billet. Le voilà : tu es à présent le plus riche de nous deux, et c'est moi dont tu fais la fortune. Et vous, monsieur Scapin, qui me croyiez votre dupe et qui êtes la mienne, je vous exhorte à faire toujours d'aussi bons marchés que celui que vous aviez fait. Mais il faut apprendre à mieux conserver votre bien. Adieu : nous allons nous marier, et jouir de nos richesses.

ARLEQUIN.

Ce pauvre diable! il me fait pitié. Écoute, Scapin : madame a besoin d'un laquais; si tu veux, nous te donnerons la préférence.

ARGENTINE.

Ah! pour cela non : il n'est pas assez fidele. Adieu, monsieur Scapin. Monsieur Pandolfe, le pere de ma maîtresse, retourne à Bergame dans peu de jours; Arlequin et moi nous l'y suivrons. Si vous avez quelque commission à nous donner pour ce pays-là, nous nous en chargerons volontiers : mais si vous voulez réussir dans celui-ci, souvenez-vous bien qu'il ne faut jamais brouiller deux amants, parcequ'ils se raccommodent toujours aux dépens de celui qui les a brouillés.

(Ils sortent.)

SCENE XII.

SCAPIN, seul.

Ce qui me console, c'est que je n'ai rien risqué du mien; et je pouvois beaucoup gagner.

FIN.

LE BON MÉNAGE,

OU

LA SUITE DES DEUX BILLETS,

COMÉDIE

EN UN ACTE ET EN PROSE;

Représentée devant Leurs Majestés par les Comédiens François et Italiens ordinaires du Roi, le samedi 28 décembre 1782.

A LA REINE.

MADAME,

Le titre de cette bagatelle peut
seul excuser la hardiesse de l'offrir à
Votre Majesté. Celle qui a porté
sur le trône les vertus douces et sim-
ples qui font la consolation du pauvre doit sourire à la foible esquisse

que j'en ai tracée. Le bon ménage appartient à Votre Majesté, par la même raison qu'Elle possede le cœur du Roi et ceux de tous ses sujets.

Je suis avec un profond respect,

MADAME,

DE VOTRE MAJESTÉ

le très humble et très obéissant
serviteur et sujet,
FLORIAN.

LE BON MÉNAGE.

PERSONNAGES.

ARLEQUIN, bourgeois de Bergame.

ARGENTINE, femme d'Arlequin.

DEUX ENFANTS d'Arlequin et d'Argentine, de l'âge de six à sept ans ;

    L'AÎNÉ,

    LE CADET.

ROSALBA.

MEZZETIN.

La scene est à Bergame, dans la maison
d'Arlequin.

Ah! papa, papa, c'est pour nous!

LE BON MÉNAGE,

COMÉDIE.

Le théâtre représente une chambre meublée très simplement, où l'on voit les portraits d'Arlequin et d'Argentine. Argentine, assise, festonne : ses deux enfants, sur des tabourets, sont à ses pieds ; l'un feuillete un livre pour en voir les estampes ; l'autre joue avec un jeu de cartes.

SCENE PREMIERE.

ARGENTINE, SES DEUX ENFANTS.

LE CADET, *montrant à sa mere un château de cartes.*

Maman, regardez donc.

ARGENTINE.

Cela est fort joli, mon ami.

L'AÎNÉ.

Voyons. (*Il souffle dessus et le renverse ; puis il rit.*) Ah, ah, ah.

LE CADET.

Maman, dites donc à mon frere de me laisser tranquille : il faut que je recommence tout.

ARGENTINE.

Pourquoi tourmenter votre frere ? Vous ne voulez pas qu'il s'amuse ?

L'AÎNÉ.

Ba ! c'est un enfant, il s'amuse à des bêtises.

ARGENTINE.

Effectivement, vous avez un an de plus que lui, et vous êtes un habile garçon !

L'AÎNÉ.

Je m'instruis, moi ; je regarde des images. Quelle est celle-là, maman, où une femme présente à un aveugle un petit monsieur habillé comme un chevreau ?

ARGENTINE.

C'est une mere qui se sert d'une ruse pour faire donner l'héritage à son

fils cadet, parcequ'il étoit plus doux
et plus aimable que l'aîné.

LE CADET, voulant voir l'estampe.

Ah ! voyons donc, mon frere : elle
est bien jolie, cette image-là.

L'AÎNÉ, tournant le feuillet.

Non, elle n'est pas jolie.

LE CADET.

Maman, où est donc mon papa?

ARGENTINE.

Il est sorti pour des affaires.

LE CADET.

Je suis bien sûr qu'il nous rappor-
tera des joujoux.

L'AÎNÉ.

Oui, pour moi.

LE CADET.

Pour moi aussi.

L'AÎNÉ.

Oh ! savoir.

LE CADET.

Oh ! c'est tout su.

L'A î N É.

J'entends quelqu'un ; c'est peut-
être lui. (Ils courent, et reviennent.) Non,
c'est mademoiselle Rosalba.
(Argentine se leve, et va au-devant d'elle.)

SCENE II.

ARGENTINE, ROSALBA, LES ENFANTS.

ARGENTINE.

C'est vous, mademoiselle! vous a-
vez la bonté...

ROSALBA.

Es-tu seule, ma chere amie ?

ARGENTINE.

Oui, mon mari vient de sortir. A-
vez-vous quelque chose à me dire?

ROSALBA.

Assurément : fais retirer tes enfants, je t'en prie.

SCENE II.

ARGENTINE.

Allez-vous-en tous deux dans l'au-tre chambre, et ne vous battez pas.

(Ils s'en vont.)

SCENE III.

ROSALBA, ARGENTINE.

ROSALBA.

Lélio est de retour, il est dans la ville.

ARGENTINE.

Comment le savez-vous?

ROSALBA.

Par la derniere lettre qu'il m'a é-crite sous ton adresse, et que tu m'as remise hier, il m'annonce qu'il doit arriver aujourd'hui à Bergame : et je n'oserai le voir ! Ah ! ma chere Argentine, qu'il est affreux pour une femme sensible de ne pouvoir pas voler au devant de son mari, après trois mois d'absence!

ARGENTINE.

Cela n'est que trop simple, lorsque l'on s'est mariée à l'insu de son pere.

ROSALBA.

Ah! tu sais que c'est ma tante qui a tout fait. Elle a connu le mérite de Lélio, elle a été touchée de notre amour; et après avoir fait inutilement tous les efforts possibles pour obtenir le consentement de mon pere, elle a pris sur elle de m'unir secrètement au seul homme que je pouvois aimer.

ARGENTINE.

Je sais tout cela, mademoiselle: mais madame votre tante est morte, et monsieur votre pere ignore toujours votre mariage. Je suis la seule, à présent, chargée de ce grand secret, et je n'ose vous dire combien je suis fâchée d'être la seule. Ma chere maîtresse, je vous dois tout : élevée au-

près de vous dans la maison de monsieur votre pere , vous m'avez dotée ,
vous m'avez mariée à un époux qui
fait le bonheur de ma vie ; je tiens
tout de vous seule , et je suis obligée
de faire aveuglément tout ce que vous
desirez : jusqu'à présent , vous avez
reçu , sous mon adresse , les lettres de
M. Lélio ; je n'ai jamais osé confier
à mon mari que je vous rendois ce
service : mais enfin...

ROSALBA.

Garde-t'en bien , ma chere Argentine. Arlequin n'a point de raisons
pour m'être attaché ; il en a mille pour
l'être à mon pere : c'est mon pere qu'il
a servi ; et son respect pour son ancien maître lui feroit trahir mon secret. D'ailleurs , je connois ton mari ;
aussi babillard qu'honnête homme, il
n'imagine pas que l'on puisse cacher
quelque chose. Tout seroit perdu s'il
étoit instruit. Je te supplie donc , ma

chere Argentine, par la tendre amitié que j'ai toujours eue pour toi, de me jurer ici de nouveau que, quelque chose qui puisse arriver, tu ne révéleras jamais mon secret à ton mari.

ARGENTINE.

Je vous en donne ma parole, quoi qu'il m'en coûte pour vous la donner. Ma chere maîtresse, je vous conjure de faire cesser la peine et l'inquiétude où je suis. Vous ne doutez pas de mon zele, vous connoissez ma tendresse pour vous... passez-moi ce terme ; on n'offense personne en l'aimant : vous êtes bien certaine que je ferai toujours tout ce qui pourra vous plaire ; mais cela même vous oblige d'être prudente pour nous deux.

ROSALBA.

Je le serai, ma chere amie, et j'ai grand besoin de l'être ; car enfin il faut t'avouer que je porte dans mon sein un gage de mon amour.

ARGENTINE.

Je n'ose m'en réjouir ; mais si tout le monde le savoit, j'en pleurerois de joie.

ROSALBA.

Je te demande un dernier service. Lélio doit être arrivé ; je suis sûre que son impatience va lui faire tout hasarder pour me voir : va le trouver, va lui dire que je le supplie, que je lui ordonne de ne pas sortir de chez lui avant qu'il ait reçu de mes nouvelles. Cela est important pour le succès de mes projets. Tu lui diras que je souffre autant que lui de ne pas le voir ; que je l'aime plus que ma vie ; que...

ARGENTINE.

Oui, oui, mademoiselle ; avant de lui dire ce que vous voulez qu'il sache, je lui dirai tout ce qu'il sait. Je comprends cela à merveille ; dès que mon mari sera rentré, j'irai parler à M. Lélio.

ROSALBA.

J'ai encore une priere à te faire.
Mon pere est dans l'usage de me donner, pour en disposer à ma volonté,
le vingtieme de tous les profits un peu
considérables qu'il fait dans son com-
merce. Il vient de gagner cent mille
écus; et ce matin il m'a apporté quinze
mille francs dont je suis maîtresse ab-
solue. Tu ne devines pas ce que j'en
veux faire?

ARGENTINE.

Non.

ROSALBA.

Si je ne te devois pas tant, je serois
bien plus hardie à te les offrir.

ARGENTINE.

A moi?

ROSALBA.

Oui, ma bonne amie : ajoute ce
plaisir à tous ceux que je te dois; souffre que cette bagatelle soit mise en
rente viagere sur ta tète : j'ai déja don-

né des ordres à mon notaire, et je t'en-
verrai ce soir ton contrat.

ARGENTINE.

Ma chere maîtresse, je n'ose ni accepter ni refuser vos bienfaits; mais...

ROSALBA.

Si tu me refuses, je ne veux plus de
tes services.

ARGENTINE.

Écoutez. Je suis heureuse, je ne
manque de rien, et j'ai déja, grace à
vous, assuré le sort de mes enfants.
Si mon mari venoit à me perdre, il ne
seroit pas à son aise; que ce soit lui
qui profite de vos bienfaits : mon cœur
et ma délicatesse y trouveront mieux
leur compte.

ROSALBA.

A la bonne heure : je vais dès ce
moment tout arranger selon tes intentions. Adieu, ma chere Argentine;
c'est aujourd'hui que j'ai reçu de toi
la plus grande marque d'amitié.

SCENE IV.

ARGENTINE, seule.

Je donnerois ma vie pour la voir heureuse ; mais nous ne le serons jamais tant que son pere ne saura pas tout. Mes enfants, revenez.

(Les deux enfants reviennent.)

SCENE V.

ARGENTINE, LES ENFANTS.

ARGENTINE.

Avez-vous été bien sages ?

L'AÎNÉ.

Oh ! oui, maman ; car nous nous sommes bien ennuyés.

LE CADET.

Mon papa tarde aujourd'hui bien long-temps.

ARGENTINE.

Il va rentrer.

L'AÎNÉ.

Ah! pour le coup, maman, c'est
lui; je l'entends.

SCENE VI.

ARLEQUIN, ARGENTINE,
LES DEUX ENFANTS.

(Arlequin arrive avec un petit tambour d'enfant à
la ceinture, sur lequel il bat d'une main; de
l'autre il joue d'une petite trompette de bois. Il
fait deux ou trois fois le tour du théâtre.)

LES DEUX ENFANTS, courant après lui.

Ah! papa, papa, c'est pour nous?

ARLEQUIN, à sa femme.

Veux-tu danser une contre-danse
à quatre?

ARGENTINE.

Non, mon ami.

ARLEQUIN, à son aîné.

Tiens, le tambour est pour toi ; la trompette, pour ton frere.

LES DEUX ENFANTS, l'embrassant.

Bien obligé, mon papa. (Ils se retirent au fond du théâtre, où ils ont l'air de troquer leurs joujoux, tant qu'Arlequin cause avec sa femme.)

ARLEQUIN, à sa femme, en lui donnant un sac d'argent.

Tiens, voilà pour toi : car il faut bien t'apporter aussi quelque chose ; tu es le plus grand enfant de la maison.

ARGENTINE.

Qu'est-ce que cela, mon ami ?

ARLEQUIN.

Ce sont ces cinquante écus que nous prêtâmes à ce pauvre homme que l'on alloit arrêter pour ses dettes : il a travaillé pour gagner cet argent-là pendant le temps qu'il auroit passé en prison à ne rien faire ; de sorte qu'il est quitte avec nous, avec son créancier : nous avons fait une bonne action, et personne n'y a rien perdu que le geolier.

ARGENTINE, *prenant le sac.*

A te dire le vrai, je n'y comptois guere.

ARLEQUIN.

En ce cas-là, serre-les pour les prêter à un autre. J'ai encore été chez…
(Les enfants font du bruit avec leur tambour.)
Taisez-vous donc, vous autres ; on ne s'entend pas. J'ai été chez ta cousine : elle se plaint de toi ; elle dit qu'on ne te voit jamais, que tu es toujours renfermée avec tes enfants ou ton mari, que tu ne penses à rien dans le monde qu'à tes enfants et à ton mari : il faut convenir qu'elle a raison ; je suis juste, moi. *(Le bruit redouble.)* Mais voilà des enfants bien bruyants !

ARGENTINE.

Pardi ! pour les faire jouer doucement, tu leur apportes un tambour et

9.

une trompette. (Les enfants continuent.)

ARLEQUIN, aux enfants.

Allez-vous-en battre la générale de l'autre côté.

(Les enfants s'en vont.)

SCENE VII.

ARLEQUIN, ARGENTINE.

ARGENTINE.

Vas-tu rester ici, mon ami?

ARLEQUIN.

Oui; pourquoi cela?

ARGENTINE.

C'est que j'ai à sortir.

ARLEQUIN.

Où vas-tu?

ARGENTINE.

Faire une commission pour mademoiselle Rosalba.

ARLEQUIN.

Qu'est-ce que c'est que cette commission ?

ARGENTINE.

Je ne peux pas te le dire; elle me l'a
défendu.

ARLEQUIN.

Voilà, par exemple, un de tes a-
vantages sur moi : tu sais garder un
secret ; moi je ne le sais pas. Aussi je
te confie tous les miens, pour qu'ils
soient en sûreté.

ARGENTINE.

Mon bon ami, tout ce que je pense
t'appartient; mais tu n'ignores pas les
obligations que j'ai à mademoiselle
Rosalba : c'est elle qui nous a mariés.
Il me semble qu'après un tel bienfait,
je suis obligée de faire tout ce qu'elle
exige, même de te cacher quelque
chose.

ARLEQUIN.

Ah! je me doute de ce que c'est.

J'ai vu ce matin M. Pandolfe ; il m'a dit qu'il avoit donné quinze mille livres à sa fille pour en faire ce qu'elle voudroit. Mademoiselle Rosalba a le meilleur cœur du monde ; et quand on a un bon cœur et de l'argent mignon, on a toujours de petites choses à faire en cachette.

ARGENTINE, à part.

Hélas ! (haut.) Mon ami, ne parlons plus de cela, je t'en prie. Quand bien même tu devinerois, je serois obligée de te mentir ; et tu ne voudrois pas que ma reconnoissance pour mademoiselle Rosalba me coûtât si cher.

ARLEQUIN.

Allons, va-t'en ; je resterai avec les enfants. Les as-tu fait lire aujourd'hui ?

ARGENTINE.

Oui.

ARLEQUIN.

C'est bon ; je les ferai jouer, moi. Allons, va-t'en donc.

ARGENTINE.

Adieu, mon ami.

ARLEQUIN.

Allez-vous-en, madame; et reviens vîte, au moins. Quand je cours la ville, je me passe de toi ; mais je ne peux plus m'en passer, dès que je ne cours plus : entends-tu ? (Il l'embrasse. Elle sort.)

SCENE VIII.

ARLEQUIN, seul.

CETTE mademoiselle Rosalba lui donne souvent des commissions, et elle ne m'en donne jamais, à moi. Cependant elle sait bien avec quel plaisir je trotterois pour elle.... Ah ! c'est qu'elle aime mieux ma femme que moi : elle a raison ; j'en fais bien autant.... Oh ! Arlequinet, venez-vous-en ici me tenir compagnie ; mais laissez votre tambour.

SCENE IX.

ARLEQUIN, LES DEUX ENFANTS.

ARLEQUIN.

Avez-vous bien lu, ce matin?

L'AÎNÉ.

Oh! oui, mon papa.

ARLEQUIN.

Votre maman a-t-elle été contente de vous?

LE CADET.

Elle a dit que oui, mon papa.

ARLEQUIN.

Vous ne l'avez pas fait enrager? elle ne vous a point grondés ni l'un ni l'autre?

L'AÎNÉ.

Au contraire, mon papa, elle nous a bien baisés.

ARLEQUIN, *les embrassant avec*
tendresse.

Cela étant, venez me baiser aussi.
(Arlequin, pendant tout ce couplet, a son visage
tout près et au milieu de ceux de ses enfants ; il
les baise presque à chaque parole.) Quand
vous voudrez me rendre bien heureux, vous n'avez qu'à rendre votre
mere bien contente. Elle en sait plus
que nous trois, voyez-vous; ainsi nous
ne devons être occupés que de faire
tout ce qu'elle veut. Nous y trouve-
rons son plaisir, d'abord, et puis notre bien ; c'est tout ce qu'il nous faut :
n'est-il pas vrai ?

L'AÎNÉ.

Oui, mon papa. Mais puisque nous
avons été bien sages, vous devriez bien
nous conter quelqu'un de ces beaux
contes que vous savez.

LE CADET.

Ah! oui, mon papa.

ARLEQUIN.

Volontiers : aussi-bien nous nous ennuyons quand elle nous laisse seuls; cela nous fera passer le temps. Allons, asseyons-nous. (Il s'assied par terre , et fait asseoir un enfant sur chacune de ses jambes ; les deux petits garçons écoutent attentivement.) Il y avoit une fois un roi et une reine qui s'aimoient beaucoup , et que tout le monde aimoit..... Ceci n'est pas un conte , au moins.

LE CADET.

Oh! nous vous croyons bien , mon papa.

L'AÎNÉ.

Nous vous croyons comme si nous le voyions.

ARLEQUIN.

La reine étoit aussi belle que le roi étoit bon ; mais ils n'avoient point d'enfants , et cela leur faisoit du chagrin. Un jour que la reine étoit toute seule dans sa chambre , elle entendit

du bruit dans la cheminée. (Les enfants
se serrent contre leur papa, qui retire aussi ses
jambes, et continue avec la voix moins assurée.)
La reine eut un peu peur : elle regarde,
et voit descendre un beau petit carrosse, traîné par six petits épagneuls
verts avec les oreilles lilas. Dans le
petit carrosse étoit une petite vieille
fée, qui n'avoit pas un pied de haut,
et qui dit à la reine : Madame la reine,
vous aurez un enfant, si vous voulez
consentir à devenir laide et vieille.
Pourvu que mon mari m'aime toujours, répondit la reine, j'y consens
de tout mon cœur. Je suis contente
de vous, répondit la petite fée ; non
seulement vous aurez un enfant, mais
vous en aurez deux, et vous n'en serez que plus belle. Après cette parole,
les six petits épagneuls verts remon-
terent la cheminée ventre à terre ; et
la reine eut effectivement un beau
petit prince et une belle petite prin-

cesse qui furent charmants, parcequ'ils ressemblerent à leur mere.

L'AÎNÉ.

Ah! mon papa, voilà une bien jolie
histoire ; mais elle est bien courte ;
vous devriez nous en raconter une
autre.

LE CADET.

Oh! oui, mon papa; encore une,
s'il vous plaît.

ARLEQUIN.

Un moment. Je vous ai donné il
n'y a pas long-temps un petit livre
tout rempli d'histoires : tu m'avois
promis d'en apprendre quelqu'une
par cœur; m'as-tu tenu parole?

L'AÎNÉ.

Oui, mon papa : j'en ai appris une
bien belle.

ARLEQUIN.

Je crois que tu mens, car tu rougis.

L'AÎNÉ.

Non, mon papa; et je vais vous la
raconter si vous voulez.

ARLEQUIN.

A la bonne heure. Tant que vous serez des enfants, mon métier est de vous amuser : mais quand la vieillesse m'aura rendu enfant aussi, il faudra que vous m'amusiez à votre tour. Voilà pourquoi vous devez vous y accoutumer de bonne heure. Voyons cette histoire.

L'AÎNÉ.

Écoutez bien, mon frere. Il y avoit une fois deux petits garçons, jolis, jolis comme....

ARLEQUIN.

Comme vous deux.

L'AÎNÉ.

Encore plus jolis que nous.

ARLEQUIN.

C'est un peu fort.

L'AÎNÉ.

Ces deux petits garçons avoient une bonne mere, mais ils n'avoient pas un bon pere, et ce n'étoit pas comme

nous. (Arlequin le baise.) La mere de ces
deux petits garçons étoit très pauvre.
Un jour qu'ils étoient allés ramasser
du bois pour leur mere, ils trouverent
une vieille femme qui étoit tombée
dans un fossé, et qui ne pouvoit pas
s'en retirer. Sur le bord du fossé étoit
une belle poule blanche qui cloquetoit, cloquetoit, comme pour demander du secours pour la vieille : les deux
petits garçons se jettent dans le fossé
et en retirent la bonne femme. Aussi-
tôt la poule blanche s'en va pondre
dans les chapeaux des deux petits garçons un bel œuf d'or. La vieille, qui
étoit une fée, leur dit : Mes enfants,
pour vous récompenser de ce que
vous venez de faire, ma poule vous
a déja donné un œuf d'or : mais moi
je veux vous donner ma poule, à une
condition cependant; c'est que celui
de vous deux qui l'aura ne pourra pas
donner de ses œufs à l'autre. L'aîné

lui répondit : Madame , je ne veux
point d'un trésor que je ne peux pas
partager avec mon frere. Le cadet dit :
Ni moi non plus , madame. Mais il
y a maniere de nous arranger : don-
nez la poule à ma mere ; comme cela , nous l'aurons tous deux. Alors la
bonne fée...

(L'on entend frapper.)

LE CADET.

Mon papa , on frappe.

ARLEQUIN.

Je vais ouvrir. Allez dans votre
chambre.

(Les enfants s'en vont.)

10.

SCENE X.

ARLEQUIN, MEZZETIN.

MEZZETIN.

N'EST-CE pas ici, monsieur, que demeure une madame Argentine?

ARLEQUIN.

Oui, monsieur.

MEZZETIN.

Est-elle chez elle, monsieur?

ARLEQUIN.

Non, monsieur.

MEZZETIN.

Peut-on l'attendre, monsieur?

ARLEQUIN.

Non, monsieur.

MEZZETIN.

Vous êtes son domestique, monsieur?

ARLEQUIN.

Oui, monsieur ; son premier domestique.

MEZZETIN.

Vous voudrez donc bien lui donner
cette lettre de la part de M. Lélio , et
vous prendrez le moment où elle sera
seule. Vous entendez bien ?

ARLEQUIN.

Non , monsieur.

MEZZETIN.

Je vous dis qu'il faut donner cette
lettre à votre maîtresse le plus secrètement que vous pourrez ; parceque,
entre nous , je crois que c'est une lettre d'amour : et peut-être que madame
Argentine a quelque pere, ou quelque
frere... Je n'en sais rien , moi ; je ne
suis à M. Lélio que depuis huit jours.
Mais vous devez être au fait de tout
cela , et prendre des précautions ,
pour..... Enfin..... Vous me compre-
nez?

ARLEQUIN.

Je commence à vous comprendre.

MEZZETIN.

Ah ça , n'allez pas faire quelque
étourderie : je vous ai tout confié, parceque vous savez bien qu'entre nous
autres nous n'avons rien de caché, et
que le secret de nos maîtres appar
tient toujours à toute la compagnie.

ARLEQUIN.

Sans doute.

MEZZETIN s'en va et revient.

Je pense à une chose : allons attendre au cabaret le retour de madame
Argentine.

ARLEQUIN.

Je vous suis bien obligé ; je n'ai pas
soif.

MEZZETIN.

Ce sera donc pour une autre fois.
Adieu , mon camarade.

ARLEQUIN.

Écoutez donc, monsieur.

MEZZETIN.

Quoi?

ARLEQUIN.

Êtes-vous marié?

MEZZETIN.

Oui, depuis long-temps.

ARLEQUIN.

Et votre femme est jolie?

MEZZETIN.

Très jolie. Pourquoi cela?

ARLEQUIN.

Pour rien. (Il le salue.) Adieu, mon camarade.

(Mezzetin sort.)

SCENE XI.

ARLEQUIN, seul.

CE domestique-là est sûrement menteur comme un laquais. Mais pourquoi M. Lélio écrit-il à ma femme? Voilà bien l'adresse : A madame, madame Argentine. J'ai bien envie de la décacheter... Non, ce seroit manquer de respect à ma femme. D'ailleurs, si je n'y trouvois rien, je serois fâché de l'avoir décachetée ; et si j'y trouvois quelque chose, j'en serois encore plus fâché. Il n'y a que du chagrin à gagner. Cependant... Non... Il faut être plus que sûr avant de faire voir à sa femme qu'on la soupçonne. Attendons-la ; je lui donnerai cette lettre, et nous verrons ce qu'elle me dira... Nous verrons... La voici.

SCENE XII.

ARGENTINE, ARLEQUIN.

ARGENTINE.

Je n'ai pas été long-temps, mon bon ami ; du moins j'ai fait ce que j'ai pu pour revenir tout de suite. Où sont nos enfants ?

ARLEQUIN.

Ils sont de l'autre côté.

ARGENTINE.

Comme tu es sérieux ! Que t'est-il arrivé ?

ARLEQUIN.

Je ne sais pas encore ce qui m'est arrivé.

ARGENTINE.

As-tu reçu de mauvaises nouvelles ? Est-il venu quelqu'un ?

ARLEQUIN.

Oui, il est venu un domestique qui m'a laissé une lettre pour vous.

ARGENTINE.

Pour moi ? Et que dit cette lettre ?

ARLEQUIN.

Je n'en sais rien : la voilà.

ARGENTINE, regardant.

Ah !...

ARLEQUIN.

Reconnoissez-vous l'écriture ?

ARGENTINE.

Oui.

ARLEQUIN.

De qui est-elle ?

ARGENTINE.

Elle est... (à part.) Que lui dirai-je ?

ARLEQUIN.

Eh bien ?... cela vous embarrasse.

ARGENTINE.

Mon ami, me crois-tu capable de te tromper ?

ARLEQUIN.

Répondez-moi d'abord ; de qui est cette lettre ?

ARGENTINE.

Je la crois de M. Lélio.

ARLEQUIN.

Je le crois de même. Ouvrez-la. La main vous tremble.

(Argentine ouvre la lettre et la lit avec beaucoup d'émotion.)

Eh bien ?

ARGENTINE lui donne la lettre.

Tenez , vous allez me croire coupable , vous aurez le droit de le penser ; et cependant le ciel m'est témoin que c'est la vertu la plus pure , le sentiment le plus honnête, qui m'empêche de me justifier.

ARLEQUIN.

Voyons. (Il prend la lettre en tremblant.) Cette lettre donne le frisson à tout le monde. (Il la lit d'une voix altérée , jettant de temps en temps des regards sur sa femme.)

« Ma chere amie, j'arrive, et j'ai be-
« soin de toute ma raison pour ne pas
« voler dans tes bras. Si je ne crai-
« gnois que de me perdre, rien ne me
« retiendroit: mais je pourrois te com-
« promettre, et mon amour même est
« moins fort que cette crainte. Il est si
« important pour nous de tromper
« celui qui détruiroit notre bonheur!
« Le nom sacré qui l'attache à toi suf-
« fit à peine pour modérer ma haine.
« J'espere qu'un jour viendra, et ce
« jour n'est pas loin, où nous pourrons
« nous livrer publiquement à notre
« amour et dévoiler à tous les yeux
« les liens qui nous attachent l'un à
« l'autre. Adieu ; tâche de venir me
« voir, si tu peux échapper aux yeux
« du barbare qui te veille: je t'attends.
« Tu sais si je t'aime. LÉLIO ».

Et moi je ne sais si je dors ou si je
veille : mais si je dors, je fais un vilain
rêve ; et si je suis éveillé... Oh ! je le

suis. (Il relit l'adresse.) A madame Argentine. (Il se frotte les yeux.) A madame Argentine. Tenez , madame.

ARGENTINE.

Mon ami....

ARLEQUIN.

Je ne le suis plus votre ami : vous
m'avez trompé ; et c'est d'autant plus
affreux, que je ne vivois que pour vous
croire. Comment ! vous qui me par-
liez toujours de votre tendresse pour
moi, vous qui étiez toujours pendue
à mon bras ou à mon cou , vous fai-
siez semblant de m'aimer pour mieux
me trahir ! vous m'embrassiez pour
m'empêcher d'y voir clair ! Voilà ce
qui m'indigne le plus ; car je ne parle
pas de mariage , ce n'est rien cela auprès de l'amour.

ARGENTINE.

Eh bien !... (à part.) Non, je serai fidele à ma bienfaitrice. (haut.) Je vous
demande, je vous supplie de suspen-

dre votre colere ; je me justifierai,
soyez-en sûr , et vous serez alors...

ARLEQUIN, avec colere.

Comment vous seroit-il possible de
vous justifier ? Vous sortez sans vouloir me dire où vous allez ; un domestique apporte cette lettre ; il me re-
commande de vous la donner en secret... Vous venez de l'entendre cette
lettre, elle est claire ; il n'y a pas une
seule phrase , pas un seul mot qui ne
dise intelligiblement que vous êtes
une infidele. Elle est bien pour vous
cette lettre ; voilà votre nom , le voilà ; je le vois, je le lis ; je n'ai pas le
bonheur d'être aveugle. M Lélio vous
y donne un rendez-vous , où vous a-
vez couru , même avant de le recevoir ; car vous venez de chez M. Lélio,
j'en suis sûr , je le sais , je l'ai vu , je
vous ai suivie. Osez m'assurer que
vous ne venez pas de chez M. Lélio.

ARGENTINE.

Je ne veux pas vous mentir ; il est
vrai, je viens de parler à M. Lélio :
mais....

ARLEQUIN, au désespoir.

Et pourquoi me le dire ? Je n'en é-
tois pas sûr.

ARGENTINE.

Écoutez-moi.

ARLEQUIN, furieux.

Je ne veux rien entendre ; je veux
m'en aller ; je veux vous quitter....
Mon parti est pris ; ma colere est pas-
sée. Je n'en ai plus de colere, parceque je n'ai plus d'amour ; je suis de
sang froid... Mais, comme je me sens
le plus fort desir de meurtrir ce visage-
là qui est la cause de tous mes chagrins, vous sentez bien qu'il faut que
je m'en aille..... Vous sentez bien...
(Argentine effrayée s'éloigne ; il la prend par le
bras et la ramene fortement à lui.) N'ayez pas
peur, je sais me posséder... Je ne suis

plus votre mari, je suis votre ami, votre
meilleur ami, et je vous parle comme
un ami… Je vous abhorre, je vous dé-
teste, je vous méprise ; je ne peux plus
soutenir votre vue ; je ne peux plus
vous regarder sans me dire : Voilà une
femme qui en aimoit deux, et qui leur
faisoit croire qu'ils étoient un. Sépa-
rons-nous dès ce moment. Restez ici,
gardez vos enfants ; je ne pourrois jamais les embrasser sans vous pleurer ;
j'aime encore mieux renoncer à les
embrasser. Gardez tout le bien, il vient
de vous ; il me seroit odieux. Je n'ai
besoin de rien, je ne veux rien, je
n'emporterai rien que mon cœur ; et
comme, si je vous parlois plus long-
temps, je vous le laisserois peut-être,
je vous quitte pour jamais.

ARGENTINE court après.

Mon ami…

ARLEQUIN la repousse.

Laissez-moi ; je ne vous crois plus.

SCENE XIII.

ARGENTINE, seule.

Malheureuse ! Que devenir ? que faire ? Il me croit coupable ; et je ne puis... Courons nous jetter aux pieds de mademoiselle Rosalba ; elle aura pitié des maux qu'elle me cause ; elle ira me justifier elle-même aux yeux de mon mari : c'est à elle.... Mais la voici...

SCENE XIV.

ARGENTINE, ROSALBA.

ARGENTINE.

Mademoiselle...

ROSALBA.

Je viens de rencontrer ton mari.

ARGENTINE.

Où alloit-il?

ROSALBA.

Chez mon pere. Je lui ai donné moi-même ce petit contrat que j'ai fait faire pour lui, selon tes intentions. Mais à peine m'a-t-il regardée; il a pris le papier d'un air égaré, et a poursuivi son chemin sans me parler. Eh quoi!... tu pleures, ma chere Argentine! Qu'est-il donc arrivé? réponds-moi vite.

ARGENTINE,

Le plus affreux des malheurs. M. Lélio vous a écrit comme à l'ordinaire, sous mon adresse. Mon mari a reçu la lettre; il me croit coupable; il m'abandonne : et je n'ai pas trahi votre secret.

ROSALBA.

O ciel! que me dis-tu? Arlequin va chez mon pere; je le connois, il lui dira tout; et mon pere sera plus irrité que jamais contre Lélio. Peut-être même soupçonnera-t-il la vérité, et rien alors ne pourra le fléchir.... Ma chere amie, pardon, pardon mille fois. Mais je te supplie, je te conjure d'attendre ici que je revienne te parler.

(Elle sort précipitamment.)

SCENE XV.

ARGENTINE, seule.

Et lui... reviendra-t-il?... irai-je le chercher?.... Il reviendra, j'en suis sûre; mon cœur me le dit, et mon cœur ne m'a jamais trompée toutes les fois qu'il m'a parlé de lui..... Attendons... Je suis au supplice... Mes enfants, revenez; mes pauvres enfants, venez embrasser et consoler votre mere.   *(Les deux enfants reviennent.)*

SCENE XVI.

ARGENTINE, LES DEUX ENFANTS.

LE CADET.

Aн! maman, qu'avez-vous donc?
Vous pleurez comme quand j'ai été
malade.

L'AÎNÉ.

Ma chere maman, avez-vous du
chagrin?

ARGENTINE. (Elle pleure.)

Non, mes enfants; non, mes bons
enfants: ce n'est rien; cela se passera.

L'AÎNÉ.

Nous avons entendu mon papa qui
grondoit bien fort. Est-ce lui qui vous
fait pleurer comme cela?

(Ici Arlequin entre, et Argentine continue sans le
voir.)

SCENE XVII.

ARLEQUIN, ARGENTINE, LES DEUX ENFANTS.

ARGENTINE.

Vous savez bien que jamais aucun chagrin ne peut me venir par votre papa ; au contraire, c'est toujours lui qui les dissipe.

LE CADET.

Ah ! le voilà. (Il court à lui.) Venez donc vîte, mon papa ; maman pleure, et elle dit que vous seul pouvez la consoler.

ARLEQUIN, les repoussant tout doucement.

Laissez-moi, laissez-moi.

L'AÎNÉ.

Ah ! mon frere, comme il a du chagrin ! (Ils se retirent tous deux au fond du théâtre, et y restent pendant toute la scene d'Arlequin et de sa femme.)

ARLEQUIN.

Madame, vous êtes fâchée de me revoir; je le suis plus que vous : mais, comme j'ai le projet de vous oublier entièrement, je viens vous rendre tout ce qui pourroit me rappeller que nous nous sommes aimés. (Il déboutonne son habit, et ouvre un petit sac qui lui pend au cou.)

Tout est dans ce petit sac : je l'avois mis là, (Il montre son cœur.) pour que tout ce que nous nous étions donné fût ensemble. Je vais vuider le sac devant vous, afin que vous n'imaginiez pas que je garde quelque chose. (Il tire un portrait.) Voici d'abord votre portrait. Il n'a pas changé comme vous; il est toujours joli; il vous ressembloit encore ce matin, mais il ne vous ressemble plus. Le voilà, madame. (Il le pose sur une table, et tire un papier plié.) Voici le premier billet que vous m'avez écrit, que Scapin me vola, et que j'eus le bonheur de rattraper. Le voilà, madame, je vous le rends ; je n'aime pas à vivre avec les menteurs. (Il tire un bouquet flétri.) Voici encore un vieux bouquet de violettes que je vous donnai le premier jour où je vous fis ma déclaration. Après l'avoir porté toute la journée, vous le jettâtes le soir ; j'allai le ramasser... Tenez, il sent encore bon... Je n'aurois jamais cru que ces violettes-là dureroient plus que votre amour. Les voilà, madame. (Il lui montre le sac.) Il n'y a plus rien ; regardez. Ce petit sac, qui avoit été des années à se remplir, s'est vuidé dans une minute. J'ai tout rendu. Ah ! diable ! j'oubliois ce qui doit vous être le plus cher.... la lettre de M. Lélio, et puis encore un contrat que mademoiselle Rosalba vient de me donner ; car c'est sûrement pour vous, ce contrat-là.

ARGENTINE.

Non ; il est à vous.

ARLEQUIN.

A moi! Qu'est - ce que cela veut dire?

ARGENTINE.

Je vais vous l'expliquer, quoique ce ne soit pas le moment. Mademoiselle Rosalba a voulu me donner ce matin quinze mille francs; je lui ai demandé que ce don fût pour vous seul: c'est le contrat que vous tenez.

ARLEQUIN, jettant le contrat.

Je n'en veux point. Avez-vous imaginé que je recevrois d'une main les lettres de M. Lélio, et de l'autre des présents pour me consoler? Avez-vous cru me dédommager avec de l'argent de votre cœur que vous m'avez ôté? Non, madame, non; personne n'est assez riche pour me payer ce que vous m'avez volé.

ARGENTINE.

Mon cœur est toujours à vous; il n'a pas cessé d'être à vous. Je ne peux

pas en dire davantage ; mais vous devriez me deviner.

ARLEQUIN.

Vous deviner! cela étoit bon quand
nous nous aimions : ce n'est que dans
ce temps-là qu'on se devine.

ARGENTINE.

Voulez-vous m'écouter un seul moment?

ARLEQUIN.

Oh! parlez ; votre ami, M. Lélio,
s'est donné la peine d'écrire ma ré-
ponse à tout ce que vous direz.

ARGENTINE.

Une femme assez malheureuse
pour tromper son mari n'en vient pas
au dernier crime sans lui avoir donné
des sujets de plaintes moins graves :
ce n'est qu'à force de négliger ses devoirs qu'elle parvient à les oublier. Si
j'étois capable de vous avoir trahi, a-
vant d'en aimer un autre j'aurois cessé de t'aimer toi-même, j'aurois re-

poussé ta tendresse , j'aurois cherché à te refroidir. Et , réponds-moi, as-tu jamais remarqué la moindre diminution dans mon amour pour toi , dans mon desir de te plaire , dans mon chagrin de te quitter , dans mon plaisir de te revoir? rappelle-toi tous les instants de ma vie, en ai-je été un seul sans te dire , sans te répéter , sans te prouver que je t'adore? ton cœur peut-il m'accuser?...

ARLEQUIN.

Il n'est pas question de mon cœur, il ne vous accusera jamais. La vieille habitude qu'il a de vous croire fait qu'il me parle toujours pour vous.... Mais je ne l'écoute pas. Voilà la lettre qui vous condamne; cette lettre est de M. Lélio ; M. Lélio vous aime ; vous vous cachez de moi pour aller voir M. Lélio : tout cela est clair... Et tenez, M. Pandolfe lui-même, à qui je viens de tout raconter, parceque je ne

peux pas garder mes chagrins , moi ;
M. Pandolfe a été plus affligé que surpris ; il m'a dit que M. Lélio s'amu-
soit à être l'amoureux de toutes les
femmes qu'il voyoit. Car il ne faut pas
que vous vous imaginiez être la seule
que M. Lélio adore. Il se moque de
vous, tout comme des autres. Il en aime peut-être dix dans ce moment-ci ;
et cette lettre-là a servi pour une dou-
zaine. Sans aller plus loin , M. Pandolfe m'a dit qu'il avoit un peu tourné la tête à mademoiselle Rosalba.

ARGENTINE.

Et vous pensez que j'aurois été capable d'enlever un amant à mademoiselle Rosalba, à ma bienfaitrice, à celle
à qui je dois tout ! Vous imaginez que
j'aurois sacrifié ma tendresse pour toi,
mon bonheur , mon repos , pour a-
voir le plaisir de chagriner mademoiselle Rosalba ! Non , mon ami , l'a-
mitié seule m'auroit défendue : mais

12.

je l'étois assez par mon amour , qui
est aussi vif , aussi tendre, qu'au premier jour de notre mariage. Il est
possible qu'une femme trompe son
époux , mais elle ne peut pas tromper
son amant : l'amour est une sauve-
garde encore plus sûre que la vertu.
Mon ami, je suis innocente, puisque
je t'aime, puisque je t'adore , puisque
je préfere la mort à ton indifférence...
Réponds-moi... A quoi penses-tu?

ARLEQUIN , la regardant.
Je pense qu'il seroit bien dommage
que la fausseté eût ce visage-là.

ARGENTINE.
Livre-toi au mouvement de ton
cœur ; reviens à moi , reviens à celle
qui n'a pas cessé d'être à toi. Je ne
me releve pas que tu ne m'aies par-
donné.

(Elle tombe à ses genoux ; les deux enfants ac-
courent , et se mettent aussi à ses genoux.)

LES ENFANTS.

Ah ! mon papa , pardonnez à notre maman.

(Arlequin, ému, releve sa femme et se met à genoux.)

ARLEQUIN.

C'est à toi de me pardonner d'avoir pu te croire coupable.

LES ENFANTS, à leur mere.

Ah ! maman , pardonnez à notre papa.

ARGENTINE.

(Elle l'embrasse.)

Enfin me voilà heureuse. Mon ami, je te promets qu'il ne te restera pas le moindre nuage ; je te jure que tout sera éclairci.

ARLEQUIN.

Tout l'est , puisque tu m'as embrassé.

(Il remet dans son sac tout ce qu'il en avoit ôté.)

ARGENTINE.

Non , mon ami ; j'exige de toi que

tu ne me quittes pas une seule minute jusqu'au moment de ma justi-
fication... Mais voici mademoiselle
Rosalba. Comme elle est agitée ! Eh !
mademoiselle , qu'allez - vous nous
apprendre?

SCENE XVIII.

ROSALBA, ARLEQUIN, ARGENTINE, LES ENFANTS.

ROSALBA.

Qu'il ne manque plus rien à mon bonheur. Laisse-moi reprendre haleine ; je ne me possede pas de joie.

ARGENTINE.

Je brûle d'apprendre...

ROSALBA.

Ma tendresse pour toi pouvoit seule me donner le courage que je viens d'avoir. En te quittant, j'ai couru chez mon pere ; Arlequin en sortoit : il lui avoit tout dit, car mon pere irrité donnoit à Lélio des noms qu'il est loin de mériter. Je me suis précipitée à ses pieds : C'est moi, me suis-je écriée, c'est moi qui l'ai épousé ; je suis sa femme... La femme de qui ? a-t-il dit

en me repoussant.... La femme de Lélio. A cette parole mes forces m'ont
abandonnée, mais non pas mon pere;
il m'a relevée avec fureur et tendresse;
ses mains trembloient et n'osoient pas
presser les miennes ; il sembloit avoir
peur de me pardonner. J'ai profité de
l'instant, j'ai tout avoué ; je lui ai dit
que je portois dans mon sein le gage
de notre union , que cet enfant étoit
le sien , et qu'il lui demandoit, par ma
voix, la permission de naître pour l'aimer. Mon amie, cette idée a fait éva-
nouir sa colere; il est resté un moment
incertain sur ce qu'il alloit dire. Mes
yeux étoient fixés sur les siens , mon
cœur battoit de toute sa force ; je le
regardois sans parler , il me regardoit
de même : enfin ce silence a fini par
un torrent de larmes qu'il retenoit
depuis long-temps. Dès que je l'ai vu
pleurer , j'ai senti qu'il alloit pardonner ; je me suis élancée à son cou, et

les premiers mots que sa bouche a prononcés, en se pressant sur mon visage, ont été : Ma fille, je te pardonne.

ARGENTINE, embrassant Rosalba avec transport.

Ah ! rien ne manque à mon bonheur.

ROSALBA.

Venez, mes amis, venez avec moi : je cours chercher Lélio ; je vais le conduire aux pieds de mon pere. Soyez les témoins d'une félicité que je dois à ma chere Argentine.

ARLEQUIN.

Mais je n'entends pas bien tout cela. M. Lélio est donc le mari de mademoiselle Rosalba ?

ARGENTINE.

Voilà ce grand secret que j'avois promis de te cacher. De peur qu'il ne fût découvert, je recevois sous mon adresse les lettres de M. Lélio pour sa femme. Celle d'aujourd'hui......

ARLEQUIN.

Chut, chut, je comprends toute ma méprise : je ne me la pardonnerois pas si j'avois eu besoin d'explication pour me raccommoder avec toi. (Il embrasse Argentine, et puis il prend par la main ses deux enfants.) Mes enfants, vous vous marierez un de ces jours ; si vous avez le bonheur, comme moi, de trouver une honnête femme, souvenez-vous qu'il faut toujours la croire plus que vos propres yeux. Sans cela, point de bon ménage.

F I N.

LE BON PÈRE,

OU

LA SUITE DU BON MÉNAGE,

COMÉDIE

EN UN ACTE ET EN PROSE;

Représentée sur un théâtre de société,
le 2 février 1783.

A S. A. S.

MONSEIGNEUR LE DUC

DE PENTHIEVRE.

Monseigneur,

Quand même je voudrois cacher
que j'ai eu la hardiesse de peindre
Votre Altesse Sérénissime, tout le
monde, et sur-tout votre auguste
fille, le devineroit, puisque mon tableau s'appelle le bon Pere. Il vaut
mieux avouer ma faute et en solliciter le pardon. La tentation étoit trop

grande : assez heureux pour vivre auprès de vous, Monseigneur, je vous ai vu avec vos enfants, avec vos vassaux, avec les pauvres, partout j'ai vu LE BON PERE ; j'ai mis par écrit ce que je vous ai entendu dire. Dédier cet ouvrage à Votre Altesse, c'est lui rendre son propre bien.

Je suis avec un profond et tendre respect,

MONSEIGNEUR,

DE VOTRE ALTESSE SÉRÉNISSIME

le très humble et très
obéissant serviteur,
FLORIAN.

LE BON PERE.

PERSONNAGES.

Arlequin, pere de Nisida.

Nisida.

Cléante, amant de Nisida.

Nérine, suivante de Nisida.

La scene est à Paris, dans la maison d'Arlequin.

que me fait la loi, quand mon cœur parle?

LE BON PERE,

COMÉDIE.

SCENE PREMIERE.

CLÉANTE, NÉRINE.

NÉRINE.

Je ne vous comprends pas, monsieur Cléante ; quand toute la maison est dans la joie, quand nous sommes tous occupés de la fête que monsieur Arlequin notre maître donne à sa fille mademoiselle Nisida, vous, que votre esprit et vos talents peuvent si bien servir dans cette occasion, vous paroissez plus triste que jamais.

CLÉANTE.

J'ai sujet de l'être, ma chere Nérine ; je viens de recevoir des nouvelles très affligeantes.

NÉRINE.

De qui ?

CLÉANTE.

De mon régiment.

NÉRINE.

Mais contez-moi donc tout cela :
ne suis-je plus votre confidente ? Avez-
vous oublié que c'est moi seule qui
vous ai fait entrer dans cette maison ?
que sans moi vous n'auriez jamais pu
parler à mademoiselle Nisida ? Ce
n'est pas pour vous reprocher mes
bienfaits, que je vous les rappelle ;
mais puisque je n'ai rien négligé pour
votre bonheur, j'ai le droit de partager vos peines.

CLÉANTE.

J'ai toujours présent à ma mémoire
tout ce que tu fis pour moi. Sans ton

amitié, sans ton adresse, je n'aurois
pas revu Nisida depuis le jour où,
pour la premiere fois, je l'apperçus à
la promenade. Ce seul moment lui li-
vra mon cœur. Tous mes efforts, toutes mes tentatives pour m'introduire
ici, furent inutiles : toi seule eus pitié
de moi ; tu daignas protéger cet amour
si tendre, si pur, qui ne finira qu'a-
vec mes jours ; tu fus la premiere à me
travestir et à me présenter pour secrétaire à ton maître monsieur Arlequin.
Depuis six mois je jouis du bonheur
inexprimable de vivre, de respirer auprès de celle que j'adore, de la voir
tous les jours, de lui parler quelquefois. Elle ne se doute pas que je l'aime
et que je suis digne de l'aimer : n'im-
porte, j'étois heureux, je bénissois
mon sort ; une lettre que je reçois de
mon colonel vient détruire cette illusion.

NÉRINE.

Que vous écrit ce colonel?

CLÉANTE.

Tu sais que depuis trois mois j'ai reçu l'ordre de retourner au régiment; je n'ai pu m'y résoudre : et mon colonel, qui s'intéresse véritablement à moi, a découvert, je ne sais comment, que j'étois dans la maison de monsieur Arlequin sur le pied d'un secrétaire, d'un domestique, tranchons le mot; et que j'oubliois tous mes devoirs pour un fol amour qui ne peut être heureux. Il vient de m'écrire, avec toute la sévérité d'un chef et toute la vivacité d'un ami, que, si je n'ai pas rejoint dans huit jours, il fera nommer à ma compagnie.

NÉRINE.

Eh bien! qu'il y nomme. Votre compagnie la plus chere, c'est nous, et votre premier colonel, c'est mademoiselle Nisida. Je ne m'y connois pas, moi; mais il me semble qu'il vaut bien autant être le mari d'une demoiselle jeune, charmante, riche, aimable, que d'être capitaine de cavalerie.

CLÉANTE.

Tu parles toujours de mariage, Nérine, et tu ne veux pas comprendre qu'il est presque impossible que j'épouse mademoiselle Nisida.

NÉRINE.

La raison, s'il vous plaît? On épouse tout le monde, excepté sa sœur.

CLÉANTE.

Je te l'ai dite cent fois. Nisida est jeune, belle, aimable, fille unique d'un pere très riche: et moi, militaire obscur, sans fortune, presque sans nom, car le sort, qui m'a poursuivi dès le berceau, me défend d'oser porter le nom de mon pere; moi, destiné à vieillir dans un régiment, ou à trouver la mort à la guerre, j'ose aimer Nisida, je me travestis, je me dégrade,

je vais perdre pour elle le seul bien
que je possede, le seul qui me fait vivre, mon état: et quand il ne me restera plus rien dans le monde que mon
amour, comment oser le déclarer à
celle qui pourroit croire que c'est sa
fortune que j'aime?

NÉRINE.

J'approuve cette délicatesse, sans
voir les choses comme vous les voyez.
Mademoiselle Nisida est assurément
tout ce que vous avez dit; mais vous,
monsieur Cléante, vous n'êtes pas si
fort au-dessous d'elle. D'abord, pour
les qualités et les agréments, sans vous
flatter, vous vous ressemblez beaucoup. Je sais que ce petit article, qui
fait tout dans le mariage, est compté
pour rien dans le contrat: mais monsieur Arlequin, le pere de mademoiselle Nisida, convient lui-même qu'il
n'est qu'un simple bourgeois d'une

petite ville d'Italie, et qu'il ne possede
ses richesses que par un hasard singu-
lier. Vous êtes un homme de condition, capitaine de cavalerie à vingt
ans, aimé, considéré de tous ceux qui
vous connoissent ; jamais votre réputation n'a été effleurée par la moindre
étourderie...

CLÉANTE.

A cela je n'ai point de mérite ; quand
on est pauvre, on n'a que la ressource
d'être sage.

NÉRINE.

Cela peut être ; mais bien des gens
ignorent leurs ressources. La fortune
est donc la seule qui ne vous ait pas
bien traité. C'est un malheur pour
vous, et un bonheur pour celle qui
vous épousera : car vous lui devrez
tout ; et il me semble qu'il faut bien
estimer quelqu'un pour consentir à
lui devoir tout.

1.   14

CLÉANTE.

Ces réflexions-là ne me sont pas permises.

NÉRINE.

Écoutez-moi, monsieur ; j'ai toujours eu une maniere de me conduire qui m'a réussi. Mon grand principe, c'est qu'il faut céder à son cœur toutes les fois qu'il est plus fort que notre raison. Examinez-vous bien. Si vous croyez pouvoir oublier mademoiselle Nisida, il faut retourner à votre régiment, suivre le service, et reprendre par votre mérite la place que le sort vous a ôtée : s'il vous est impossible de vivre sans mademoiselle Nisida, ma foi, il faut rester ici plutôt que de mourir ; il faut lui parler, lui découvrir qui vous êtes, lui dire que vous l'aimez...

CLÉANTE.

Oh ! jamais je n'oserai, Nérine...

NÉRINE.

Oh! si la peur vous prend, tout est perdu. Mettez-vous donc bien dans la tête que, depuis que le monde est monde, il n'y a jamais eu d'homme étranglé par une femme, pour lui avoir dit qu'il l'aimoit. De tous les tours qu'on peut nous jouer, c'est celui-là que nous pardonnons le plus aisément : je vous dis le secret du corps, moi; c'est à vous d'en profiter.

CLÉANTE.

Mais....

NÉRINE.

Mais j'en sais plus que vous, et votre bonheur m'est aussi cher que le mien; car je ne sais pas pourquoi l'on s'intéresse toujours à ceux qui ne sont bons qu'à nous donner du chagrin : croyez-moi, suivez mes avis, vous réussirez.

CLÉANTE.

Je ne demande pas mieux: que faut-il faire?

NÉRINE.

Commencez par aller écrire à votre colonel, et demandez un mois de délai. Pendant ce temps, je me charge de vous faire expliquer vous et mademoiselle Nisida. (Cléante la regarde, et ne sort point.) Allez donc, ne perdez pas de temps. Faut-il que ce soit moi qui écrive à votre colonel?

CLÉANTE.

Comme tu es vive! Attends un moment...

NÉRINE.

Il n'y a point à attendre, allez écrire; reposez-vous sur moi du reste, et reprenez cette gaieté charmante qui vous fait aimer de tout le monde. Songez que c'est aujourd'hui la fête de votre maîtresse ; occupez-vous du bouquet, du compliment que vous

devez lui faire. Je veux bien me char-
ger de tout ce que vous trouvez de
difficile ; mais j'exige que vous soyez
très aimable, parceque cela vous est
fort aisé.

CLÉANTE.

Je ne le serai jamais tant que toi ;
mais du moins je t'obéirai aveuglément.

(Il lui baise la main et sort. Arlequin paroît et
voit Cléante baiser la main de Nérine.

Arlequin doit être en habit de velours noir,
veste de drap d'or, perruque à trois marteaux,
culotte et masque d'Arlequin.)

SCENE II.

ARLEQUIN, NÉRINE.

ARLEQUIN.

Fort bien ; je ne m'étonne plus, Nérine, si tu me fais si souvent l'éloge de Cléante.

NÉRINE.

Je vous assure, monsieur, que ce qui nous lie le plus monsieur Cléante et moi, c'est notre extrême attachement pour vous et pour mademoiselle votre fille.

ARLEQUIN.

Je ne te demande pas ton secret : vous êtes libres tous deux, vous vous convenez, vous avez raison de vous aimer ; c'est une des plus douces consolations de la vie. Où est ma fille ?

NÉRINE.

Elle est enfermée dans son cabinet ;

depuis quelque temps elle aime beaucoup à être seule.

ARLEQUIN.

Il ne faut pas la déranger. Crois-tu
qu'elle se doute de la petite fête que
je lui prépare pour ce soir?

NÉRINE.

Je ne le crois pas , monsieur.

ARLEQUIN.

Nos musiciens viendront-ils?

NÉRINE.

Ils doivent être ici de bonne heure,
et je les ferai cacher dans le petit salon, pour que mademoiselle Nisida
ne puisse pas les voir.

ARLEQUIN.

C'est bien. L'important est que ma
fille ne s'attende à rien , et qu'en sortant de table, elle trouve le salon tout
en fleurs , tout en lumieres , avec une
musique terrible , et son nom écrit
par-tout en guirlandes. Ensuite les
marchands entreront, et tu auras soin

de faire porter dans la chambre de Nisida tout ce qui aura l'air de lui plaire. Je paierai tout, je suis riche, et je ne trouve bien employé que l'argent dépensé pour ma fille. Avoue que j'ai raison, et que ma Nisida est charmante.

NÉRINE.

Tout le monde n'a qu'un avis là-dessus.

ARLEQUIN.

C'est qu'elle ressemble à sa mere, ma pauvre Argentine, que j'ai tant pleurée. Hélas! après vingt ans de mariage, je l'ai perdue au moment où je fis ma grande fortune. Nous n'avions jamais eu qu'une seule querelle, encore étoit-ce moi qui avois tort. Tiens, voilà son portrait, voilà tout ce qui m'en reste... Ah! Nérine, ne te marie jamais; il est si affreux de s'aimer et de mourir l'un après l'autre!

NÉRINE.

Allons, monsieur, pourquoi vous affliger?...

ARLEQUIN, pleurant.

Ce n'est pas s'affliger que de pleurer ceux que l'on regrette ; au contraire, Nérine, j'ai du plaisir à me rappeller ma femme et mes deux petits garçons. Comme j'étois heureux quand ils vivoient! Nous n'étions pas riches, mais nous avions la paix, la joie et l'amour: avec cela, on ne manque pas de grand' chose. Hélas! ils ont tout emporté.

NÉRINE.

Comment pouvez-vous oublier ce qui vous reste ? L'estime générale, une grande fortune, des amis, une fille unique dont vous devez être fier, tout vous assure une vieillesse douce et honorable. Mademoiselle Nisida ne tardera guere à se marier ; elle sera heureuse, car vous êtes assez riche

pour lui laisser choisir un époux selon
son cœur. Votre gendre, votre fille, vos
petits-enfants, vous béniront, vous
soigneront; vous serez au milieu d'eux
le point de réunion de leur bonheur
et de leur tendresse. Allez, allez, monsieur, c'est peut-être le plus doux
moment de la vie; et je crois qu'un
vieillard entouré de ceux qu'il a com-
blés de biens, a cent fois plus de vrais
plaisirs que le plus heureux jeune
homme.

ARLEQUIN.

J'espere que tu as raison : d'ailleurs, je me dis tous les jours que les
pleurs ne servent de rien. Aujour-
d'hui, il ne m'est pas permis d'être
triste; parlons de ma fille. Je voudrois bien pouvoir trouver quelque
joli couplet que je lui chanterois ce
soir : mais je n'ai jamais fait de vers;
et il ne suffit pas de bien penser,
pour bien dire.

NÉRINE.

Pardonnez-moi, cela suffit quand c'est pour sa fille que l'on travaille.

ARLEQUIN.

Depuis hier au soir, je rumine ce projet-là; mais ces diables de rimes ne viennent point : voilà tout ce qui m'embarrasse ; car, sans la rime, je ferois des vers comme de la prose… Écoute, appelle Cléante, pour qu'il vienne écrire sous ma dictée, et va-t'en ; oui, va-t'en, je crois que je suis dans un bon moment.

NÉRINE.

Dépêchez-vous d'en profiter, je vais vous envoyer monsieur Cléante.

(Elle sort.)

SCENE III.

ARLEQUIN, seul.

Voyons donc si je ne pourrai pas faire un petit madrigal, quand il ne seroit que de quatre vers.... Il y a tant de jolies choses à dire de ma fille! Voyons... (Il se met à son bureau, et rêve.) C'est le commencement qui est toujours le plus difficile... Il faut pourtant bien commencer... Ô ma fille... Cela n'est pas mal : Ô ma fille, c'est fort bien... (Il écrit.) Cependant, Ô ma fille, c'est trop grand, trop poétique; je m'en vais ôter l'O. Ma fille; c'est plus simple et plus doux : Ma fille. Oui : mais cela ne suffit pas, il faudroit encore quelque chose. Ma fille, c'est une belle pensée, mais c'est trop court... Où est donc ce Cléante? Depuis six mois que j'ai un secré-

taire, voici la premiere fois que j'en
ai besoin, et il n'est pas là. C'est bien
la peine... Ah! le voici.

SCENE IV.

ARLEQUIN, CLÉANTE.

ARLEQUIN.

Arrive donc, mon ami, j'ai tout
plein de choses à te dicter; mets-toi
là, et écris ce que je vais te dire.

CLÉANTE s'assied.

Quand vous voudrez, monsieur.

ARLEQUIN.

Mon ami, ce sont des couplets que
j'ai faits pour la fête de ce soir; ils ne
sont pas encore finis, mais il faut toujours les écrire, parceque je n'ai point
de mémoire, et mes vers m'échap-
pent..... avant d'être faits. Allons,
prends du grand papier, le plus grand,

et écris : Couplets à ma fille, le jour
de sa fête.

CLÉANTE, écrivant.

Le jour de sa fête.

ARLEQUIN.

Ma fille...

CLÉANTE.

Ne faut-il pas écrire d'abord sur
quel air vous les avez faits?

ARLEQUIN.

Sur quel air?

CLÉANTE.

Oui, monsieur.

ARLEQUIN.

L'air ne me regarde pas; je ne me
charge que des paroles.

CLÉANTE.

Mais puisque vous voulez que ces
paroles se chantent, vous les avez faites sur un air.

ARLEQUIN.

Non, en vérité, je n'y ai pas songé.

CLÉANTE.

Cela est pourtant nécessaire.

ARLEQUIN.

Oh bien ! tu feras l'air, toi, quand j'aurai fait les paroles. Je ne peux pas tout faire.

CLÉANTE relit.

Couplets à ma fille, le jour de sa fête.

ARLEQUIN.

Fort bien ; écris à présent : Ma fille...

CLÉANTE.

Ma fille...

ARLEQUIN.

As-tu mis ?

CLÉANTE.

Oui, monsieur.

ARLEQUIN.

Un moment... Tu as mis, Ma fille ?

CLÉANTE.

Oui, monsieur.

ARLEQUIN, *rêvant.*

C'est très bien... Mets une virgule.

CLÉANTE.

J'attends, monsieur.

ARLEQUIN.

Moi aussi.

CLÉANTE.

Comment?

ARLEQUIN.

Sans doute, je n'ai fait que cela encore.

CLÉANTE.

Vous n'êtes pas très avancé.

ARLEQUIN.

J'ai toujours mon commencement... Tu devrois bien m'aider un peu.

CLÉANTE.

Vous avez trop de sensibilité, vous aimez trop mademoiselle Nisida, pour avoir besoin d'un aide ; il est si facile de la louer! dites-moi ce que vous pensez pour elle, je l'écrirai ; les vers s'arrangeront d'eux-mêmes.

ARLEQUIN.

Je crois que tu dis vrai : voyons ;
je voudrois lui faire un petit compliment sur sa figure, ses qualités, son
esprit... que cela fût tourné... d'une
maniere gentille, avec un peu.....
Charge-toi de mettre des rimes à ces
vers-là.

CLÉANTE, rêvant.

Je vous entends bien.

ARLEQUIN.

Tu entends bien; voilà mon premier couplet.

CLÉANTE écrit.

Il est écrit.

ARLEQUIN.

Fort bien; à présent, je m'en vais
faire le second. Écris ces vers-ci : Que
ce n'est pas à son pere à la louer, mais
que tout le monde parleroit comme
son pere... et rime toujours au moins.

15.

CLÉANTE.

Il le faut bien. (Il rêve, et écrit.) C'est écrit, monsieur.

ARLEQUIN.

Me conseilles-tu d'en faire encore un?

CLÉANTE.

Il me semble que deux suffisent.

ARLEQUIN.

Tu n'as qu'à dire, je suis en train; mais je crois qu'en voilà bien assez. Prends cette mandoline et chante-moi les couplets que je viens de faire, pour que je corrige.

CLÉANTE.

(Il chante en s'accompagnant de la mandoline.)

Ma fille unit aux graces de son âge
Des dons plus sûrs pour fixer le bonheur;
Et l'on ne sait que chérir davantage
De sa beauté, son esprit, ou son cœur.

ARLEQUIN.

C'est mot à mot ce que j'ai dit; je croyois cela plus difficile. Voyons l'autre couplet.

CLÉANTE *chante.*

Je peux flatter une fille si chere,
Mais l'on pardonne à ce doux sentiment :
Si je la vois avec les yeux d'un pere,
Tout autre aura les yeux d'un tendre amant.

ARLEQUIN, *surpris.*

C'est moi qui ai fait celui-là?

CLÉANTE.

Vous venez de me le dicter.

ARLEQUIN.

Cela est vrai; mais il n'avoit pas
l'air si joli quand je l'ai fait. C'est fort
bien, fort bien; je ne vois rien là à
corriger. Sans me flatter, conviens
qu'ils ne sont pas mal.

SCENE V.

ARLEQUIN, CLÉANTE, NÉRINE.

NÉRINE.

Monsieur, on vous demande.

ARLEQUIN.

Comment ! je ne peux pas travailler une minute en repos ! Il faut toujours qu'on me dérange. Qui me demande ?

NÉRINE.

C'est ce monsieur habillé de noir qui est venu hier matin.

ARLEQUIN.

Ah ! c'est différent : cette affaire-là est plus intéressante que toutes les miennes, elle regarde ma fille.

NÉRINE.

Il vous attend dans votre cabinet.

ARLEQUIN.

J'y vais. (à Cléante.) Mon ami, je suis

on ne peut pas plus content de moi
et de toi aussi ; et je te prépare quelque chose qui te prouvera mon amitié : laisse-moi faire, sois tranquille.
Ce petit couplet de l'amant qui est
le pere ; le pere, l'amant ; c'est très
joli, très joli.

(Il s'en va en chantant les couplets.)

SCENE VI.

CLÉANTE, NÉRINE.

NÉRINE.

MONSIEUR Arlequin paroît en-
chanté de vous, tant mieux : conti-
nuez à vous en faire aimer. Ou je
me trompe fort, ou sa fille pourroit
bien lui en donner l'exemple.

CLÉANTE.

Et sur quoi juges-tu. .

NÉRINE.

Sur ce que je viens de voir. Vous souvenez-vous de cette chanson si tendre que vous fîtes, il y a un mois, que monsieur Arlequin trouva charmante, et sur laquelle mademoiselle Nisida ne dit pas un seul mot?

CLÉANTE.

Oui : eh bien?

NÉRINE.

Tout-à-l'heure, j'ai été, par hasard, jusques à la porte du cabinet de mademoiselle Nisida ; elle y étoit enfermée. J'ai entendu sa guitare, j'ai écouté : elle chantoit votre chanson, tout doucement, à demi-voix, mais avec un accent bien tendre, et qui prouvoit qu'elle y prenoit plaisir. Monsieur, quand les auteurs nous sont indifférents, on n'a pas peur de louer leurs ouvrages, et l'on ne va pas s'enfermer pour chanter tout bas leurs chansons.

CLÉANTE.

Voilà une belle preuve!

NÉRINE.

Plus claire que vous ne pensez.... Mais la voici : allons, tâchez de lui parler, de lui faire entendre que vous l'aimez. Vous avez de l'esprit avec tout le monde, excepté avec elle.

CLÉANTE.

C'est que je n'ai de l'amour que pour elle.

NÉRINE.

La voilà : du courage; je vous aiderai tant que je pourrai.

SCENE VII.

NISIDA, CLÉANTE, NÉRINE.

NISIDA.

Je croyois mon pere ici, Nérine.

CLÉANTE.

Il y étoit tout-à-l'heure, mademoiselle ; mais il est enfermé avec un homme d'affaires.

NÉRINE.

Il nous a même dit que c'étoit pour quelque chose qui vous regardoit.

NISIDA.

Il est toujours occupé de mes plaisirs ou de mon bonheur.

NÉRINE.

Que sait-on ? Peut-être songe-t-il à se donner un aide pour vous rendre heureuse.

NISIDA.

Que veux-tu dire ?

NÉRINE.

Je veux dire qu'il s'occupe sans
doute de vous chercher un mari.

NISIDA, vivement.

Ah! j'espere que non.

NÉRINE.

Cela vous feroit du chagrin?

NISIDA, froidement.

Tout changement à mon sort ne
pourroit que m'être désagréable. Je
suis heureuse avec mon pere, je n'aime que lui, je ne veux aimer que lui:
il ne respire que pour moi. Ce sentiment suffit à mon cœur comme à ma
félicité.

CLÉANTE.

Ajoutez à tant de raisons la certitude de ne jamais trouver un époux
digne de vous. Quand même sa fortune et son rang seroient au-dessus
des vôtres, quand même il seroit le
plus aimable des hommes, vous feriez
encore un mariage inégal.

N I S I D A.

Vous me louez toujours, Cléante ; j'en suis fàchée, car j'aime à causer avec vous, et cela m'en empêche.

N É R I N E, bas à Cléante.

Allez donc... Oh! le poltron! (haut.) Moi, qui ne vous loue point, mademoiselle, et qui ne vous en suis pas moins attachée, je n'approuve pas cet éloignement pour le mariage. Vous êtes faite pour vous marier ; mais je veux que ce soit avec un homme dont l'âge et les qualités vous conviennent. Monsieur votre pere est trop vieux pour le chercher, vous êtes trop jeune pour le choisir; si vous voulez, je le trouverai, moi, je m'en charge.

N I S I D A.

Tu es folle, Nérine.

N É R I N E.

Non, je parle très sérieusement ; je vois d'ici ce qu'il vous faut. Dites un seul mot, et je vous amene un

jeune homme bien fait, d'une jolie
figure, d'un caractere doux et sensible, d'un esprit fin et aimable; en
un mot, un époux rempli d'honneur,
de grace et d'amour. Si cela vous
convient, vous n'avez qu'à parler.

NISIDA.

Et tu répondras de toutes ces qualités, même de l'amour qu'il aura
pour moi?

NÉRINE.

Oh! c'est justement ce que je ga-
rantis le plus.

CLÉANTE.

C'est pourtant le plus difficile à
prouver. Quand on est la fille unique
d'un homme opulent, on a le droit
malheureux de ne jamais se croire
aimée. La fortune fait payer ses bienfaits même à l'amour-propre : vous
avez beau être jeune, belle, charmante; vous êtes riche, ce mot seul
arrêtera tout amant tendre et déli-

cat. Il doit être bien difficile de ne pas vous aimer, mais il est impossible d'oser dire que l'on vous aime.

NISIDA.

Ce n'est pas à mon âge que l'on fait de si tristes réflexions ; et si jamais...

CLÉANTE, vivement.

Si jamais...

SCENE VIII.

NISIDA, CLÉANTE, NÉRINE, ARLEQUIN.

ARLEQUIN.

Bon jour, ma chere enfant ; je te souhaite une bonne fête : mais tu n'auras ton bouquet que ce soir, parceque je veux te surprendre. Je t'ai fait des couplets, nous aurons de la musique, feu d'artifice, illumination : tu verras, tu verras quelque chose à quoi tu ne t'attends pas.

NISIDA.

Comment, mon pere! vous avez
la bonté...

ARLEQUIN.

Ne me questionne point, parceque
je ne veux pas que tu saches un seul
mot de tout cela. D'ailleurs, j'ai à
te parler d'affaires plus importantes,
que, grace au ciel, je viens de ter-
miner. Cléante et Nérine y sont pour
quelque chose, ainsi je peux m'expliquer devant eux. Tu connois bien
ce marquis d'Yrville, dont tout le
monde dit du bien, que tu m'as souvent vanté toi-même, et qui te fait
un peu la cour depuis quelques mois?

NISIDA.

Eh bien, mon pere?

ARLEQUIN.

Eh bien! ma chere amie, je viens
d'arrêter ton mariage avec lui.

CLÉANTE, à part.

Ô ciel!

NISIDA.

Avec le marquis d'Yrville!

ARLEQUIN.

Oui, mon enfant : j'ai eu de la peine à en venir à bout ; mais pour applanir les difficultés, je te donne, le jour du mariage, tout ce que je possede.

NISIDA.

Et vous, mon pere?

ARLEQUIN.

Oh! moi, la plus sûre maniere pour que je ne manque de rien, c'est que tu aies tout. D'ailleurs, tu me rendras service : car si tu veux que je te parle franchement, mon argent m'ennuie ; c'est toujours la même chose, il faut passer sa vie à compter. Si l'on n'avoit pas quelquefois le plaisir de donner, cela seroit insupportable.

NÉRINE.

Mais êtes-vous sûr, monsieur,

que mademoiselle votre fille......

ARLEQUIN.

Quant à toi, Nérine, je ne t'ai pas oubliée : j'ai remarqué depuis long-temps l'amitié qui regne entre Cléante et toi ; j'ai profité de l'occasion pour faire votre bonheur à tous deux. Je t'assure une dot fort honnête, et tu épouseras Cléante le jour même du mariage de ma fille.

NÉRINE.

J'épouserai monsieur Cléante, moi !

ARLEQUIN.

Oui ; tu ne t'y attendois pas, n'est-il pas vrai ? J'ai voulu vous surprendre, parceque les choses qu'on desire font cent fois plus de plaisir quand elles viennent sans qu'on y pense. Eh bien !... vous voilà tous interdits.... Vous ne me remerciez seulement pas... Qu'as-tu donc, Cléante ? Je ne t'ai jamais vu comme te voilà.

NÉRINE.

Il faut lui pardonner, monsieur; c'est l'amour... la joie.... Ce pauvre garçon ne s'attendoit pas à m'épouser si promptement.

ARLEQUIN.

Ma chere Nisida, tu n'as pas l'air d'être contente de ce que je viens de t'apprendre. Écoute donc : je desire vivement de te voir la femme du marquis d'Yrville, et je t'en dirai les raisons ; mais si cela ne te convient pas, tu me diras les tiennes, qui seront les meilleures.

NISIDA.

Mon pere, je suis pénétrée de reconnoissance et d'amour pour vous... Mais je voudrois vous parler sans témoin.

ARLEQUIN.

Tu m'inquietes, ma fille. (à Cléante et Nérine.) Elle dit qu'elle veut me parler sans témoin ; je crois qu'il faut que vous vous en alliez.

CLÉANTE, *en sortant.*

Nérine, que devenir?

NÉRINE,

Rien n'est encore perdu.

SCENE IX.

ARLEQUIN, NISIDA.

ARLEQUIN.

J'AVOIS cru te plaire en arrangeant ce mariage ; me serois-je trompé? N'aimes-tu pas le marquis?

NISIDA.

Je ne l'ai jamais aimé. Il s'est oc-cupé de moi, et j'ai rendu justice à ses qualités estimables : mais qu'il y a loin de l'estime à l'amour!

ARLEQUIN.

Ma foi, je me suis donc trompé. Tu m'en as toujours dit du bien ; je le vois te chercher dans toutes les maisons où nous allons ; quand il cause avec toi, tu as un air contraint et embarrassé : j'avois pris tout cela pour de l'amour. Il n'en est rien ; je retirerai ma parole, parceque la premiere condition étoit que le mariage te conviendroit. Pardonne-moi, je t'en prie, le petit moment de chagrin que je t'ai causé, j'en suis plus fâché que toi-même.

(Il lui tend la main, que Nisida baise avec tendresse.)

NISIDA.

Ah! mon pere!

ARLEQUIN.

Je te promets que je ne ferai plus pareille étourderie. Dorénavant, je te rendrai compte tous les matins de ceux qui t'auront demandée en mariage la veille, et je ne ferai les réponses que sous ta dictée.

NISIDA.

Mais pourquoi vous occuper de

m'établir? je suis si heureuse avec vous! Je n'ai pas un desir, je ne forme pas un souhait, que vous ne l'accomplissiez. Laissez-moi dans cette douce position : je ne connois pas le bonheur d'une femme, et celui de la plus heureuse des filles me suffit. Oui, quand bien même, ce qui est impossible, vous me donneriez un époux qui vaudroit mon pere, je serois fâchée de partager mon cœur; je ne veux aimer que vous, je ne veux rien devoir qu'à vous.

ARLEQUIN.

Ma chere enfant, tu n'as pas besoin de m'attendrir pour faire de moi tout ce que tu voudras. D'abord, mariée ou non mariée, tu ne me quitteras jamais; j'en mourrois tout de suite, et je veux vivre encore quelques années. Quant à ta répugnance pour prendre un époux, tu conviendrois peut-être qu'il est nécessaire de la surmonter si tu savois l'histoire de ma fortune. Écoute-la d'abord ; ensuite nous raisonnerons ensemble comme deux bons amis qui n'ont qu'un même intérêt. Je conseillerai, et tu décideras.

NISIDA.

Ah! mon pere !... je vous écoute.

(Ils s'asseient.)

ARLEQUIN.

Ma chere amie, j'ai toujours été un honnête homme, mais je n'ai pas toujours été de ceux que l'on appelle les honnêtes gens ; car les gens riches sont convenus de s'appeller ainsi exclusivement. J'étois pauvre, moi, et j'habitois avec ta mere la petite ville de Bergame. Tu n'étois pas encore née, lorsqu'un seigneur françois, nommé le comte de Valcour, vint s'établir dans notre ville, et acheta la maison où nous avions un apparte-ment : il nous le conserva. Il me fit

amitié : je le lui rendis du meilleur
de mon cœur ; au bout de six mois
il ne pouvoit plus se passer de moi.
Ce comte de Valcour étoit un fort
bon homme, mais il avoit épousé secrètement en France une fort mauvaise femme qui se conduisoit très
mal. Un beau matin, le comte s'en
alla, en laissant à cette femme la moitié de sa fortune pour elle et pour un
fils de six mois qu'elle avoit, et dont
le comte n'a jamais voulu entendre
parler. J'ai demeuré douze ans avec
ce monsieur de Valcour, dans la plus
tendre intimité; il y en a onze qu'il
est mort, et qu'il m'a fait héritier de
tout le bien qu'il avoit apporté en
Italie.

NISIDA.

Je n'en suis pas étonnée.

ARLEQUIN.

Tant que j'avois été pauvre, j'a-
vois été heureux; sitôt que je fus ri-

che, les chagrins vinrent : je perdis ta pauvre mere et tes deux freres. Tout cela me fit prendre mon pays en aversion : je réalisai mon bien, et je vins m'établir à Paris avec toi, qui n'avois pas alors plus de six ans. Je plaçai bien mon argent; mes fonds sont à-peu-près doublés depuis dix ans : de sorte, ma chere fille, que j'ai, ou, pour mieux dire, tu as soixante mille livres de rente qui ne doivent rien à personne. Cela est fort joli. Mais si je venois à mourir, tu te trouverois seule, étrangere, sans famille, sans appui, dans la ville la plus dangereuse du monde, et dans un âge où la plus légere étourderie feroit le malheur du reste de tes jours. Voilà pourquoi, ma chere fille, je voudrois te voir mariée à un homme estimable, considéré, comme le marquis d'Yrville, qui ne sera occupé que de te rendre heureuse, et remplacera du moins ton pauvre pere qui se fait déja bien vieux. Voilà mes raisons, ma chere amie; et si tu n'as pas de répugnance pour le marquis, je te demande comme une grace d'assurer ton bonheur après moi.... Tu pleures! tu ne me réponds pas!

NISIDA.

Ah! mon pere! je ferai ce que vous voudrez : mais si vous pouviez lire dans mon cœur, si j'avois la force de vous dire...

ARLEQUIN.

Quoi! ma fille! as-tu quelque se-cret pour moi? Cela ne seroit pas juste; tu sais bien que je n'en eus jamais pour ma Nisida.

NISIDA.

Non, je ferai mon devoir; j'en au-rai la force : moins vous ordonnez, plus je veux obéir. Mais j'ai deux graces à vous demander; elles sont importantes, elles sont nécessaires au repos de ma vie : c'est de différer c mariage, et de me mettre au couvent.

ARLEQUIN.

Au couvent!   (Ils se levent.)

NISIDA.

Oui, mon pere, j'en ai besoin; j'ai besoin de solitude et de réflexion.

ARLEQUIN.

Tu n'y songes pas, Nisida; toi, au couvent! cela est bon pour les filles que leurs peres n'ont pas le temps d'aimer. Eh! que deviendrois-je, quand je ne te verrois plus? Ma chere enfant, d'où peut te venir une ré-solution si cruelle pour moi? Ton cœur s'est-il donné? aimes-tu quelqu'un?

NISIDA, se cachant le visage.

Oui... mon pere.

ARLEQUIN.

Eh bien! voilà un grand malheur!

Tu n'as qu'à me le nommer, je m'en vais l'aimer aussi.

NISIDA.

Ah! il m'est impossible de le nommer sans rougir.

ARLEQUIN.

Tu ne peux pas rougir avec moi : ne suis-je pas ton pere? ton honneur n'est-il pas le mien? Ouvre-moi ton cœur, ma fille; peut-être à nous deux nous viendrons à bout de te rendre heureuse.

NISIDA.

Eh bien! mon pere, apprenez ce que j'ai voulu cent fois me cacher à moi-même; guérissez-moi d'une passion que je combats sans cesse, et qui renaît toujours plus violente. J'aime... J'aime...

ARLEQUIN.

Qui donc?

NISIDA.

Cléante.

17.

ARLEQUIN.

Mon secrétaire!

NISIDA.

Il n'est pas fait pour l'être, j'en suis sûre; mais je n'en sens pas moins tout le malheur de mon choix. Je ne vous demande que de me secourir, et j'ose vous répondre que je surmonterai cet invincible penchant. Éloignez-moi de Cléante; j'espere tout de mon courage, du temps, et sur-tout de l'absence.

ARLEQUIN.

As - tu confié ce secret à quelqu'un?

NISIDA.

Comment pouvez-vous le penser, puisque vous ne le saviez pas?

ARLEQUIN.

Il est vrai, j'ai tort. Écoute-moi : je n'ai pas oublié que je ne vaux pas mieux que Cléante; et si j'étois encore en Italie, où tout le monde sait

qui je suis, je n'hésiterois pas à te
le donner : mais ici, où, par amour
pour toi, j'ai fait la sottise d'avoir de
la vanité, cela devient plus difficile.
Cependant...

NISIDA.

Non, mon pere, non ; c'est à moi
de mettre des bornes à votre excessive
bonté. Plus vous faites pour moi,
plus je dois faire pour vous. Je surmonterai ma passion, je l'immolerai
au bonheur de votre vieillesse. Éloignez-moi de Cléante, je vous le demande, je vous en supplie ; donnez-
moi du temps..... et j'épouserai le
marquis d'Yrville.

ARLEQUIN.

Tu n'épouseras point le marquis
d'Yrville, mais il faut essayer de te
guérir. Tu es bien malade, mon enfant, je serai ton médecin ; et si les
remedes te font trop de mal, nous
les cesserons tout de suite : c'est

t'en dire assez. Adieu ; laisse-moi,
et viens m'embrasser encore.

NISIDA, l'embrassant.

Ah! je ne le verrai plus.

(Elle sort en pleurant.)

SCENE X.

ARLEQUIN, seul.

JE suis bien malheureux, je vais affliger ma fille : mais il faut pourtant
bien la sauver. Holà! quelqu'un.

(Nérine paroît.)

SCENE XI.

ARLEQUIN, NERINE.

ARLEQUIN.

Dites à Cléante que je veux lui parler.

NÉRINE.
Est-ce pour le gronder, monsieur?

ARLEQUIN.
Faites ce que je vous dis.

NÉRINE.
C'est que vous avez un air...

ARLEQUIN.
Allons, je vois bien que vous ne voulez pas y aller; je vais l'appeller moi-même.

NÉRINE.
J'y vais, j'y vais, monsieur. (à part.) Jamais je ne l'ai vu si en colere.

SCENE XII.

ARLEQUIN, seul.

Je n'aurai jamais la force de lui donner son congé : cependant il est nécessaire qu'il s'en aille ; cela est impossible autrement. Ce pauvre garçon ! C'est ma faute aussi d'avoir
pris chez moi un jeune homme charmant qui doit tourner la tête à toutes les femmes qui le verront. Je ne
sais comment il arrive qu'avec la
meilleure intention du monde je fais
toujours tout de travers. Le voici ;
je n'oserai jamais le prier de s'en aller.

SCENE XIII.

ARLEQUIN, CLÉANTE, NÉRINE.

CLÉANTE.

Vous m'avez demandé, monsieur?

ARLEQUIN.

Oui, mon ami ; j'ai à te parler : il
faut même que nous soyons seuls.
Laisse-nous, Nérine.

NÉRINE, à part.

Que signifie tout ceci ?

(Elle reste.)

ARLEQUIN.

Mon ami, je suis fort embarrassé...
(à Nérine.) Je t'ai déja dit de t'en aller,
Nérine.

NÉRINE.

Je le sais bien, monsieur.

ARLEQUIN.

Eh bien! que fais-tu là?

NÉRINE.

Vous le voyez bien, monsieur, je m'en vais.

(Elle sort.)

SCENE XIV.

ARLEQUIN, CLÉANTE.

ARLEQUIN.

Mon cher ami, je ne sais comment t'apprendre une nouvelle qui te fera de la peine, et qui m'afflige beaucoup aussi.

CLÉANTE.

Je n'ai jamais été gâté par la fortune, aucun revers ne peut m'étonner.

ARLEQUIN.

J'avois espéré que nous ne nous quitterions jamais, et que ton mariage avec Nérine te fixeroit dans ma maison pour toujours : mais tout est changé.

CLÉANTE.

S'il n'y a que ce mariage de rompu, je suis trop vrai pour vous cacher qu'il ne pouvoit pas avoir lieu.

ARLEQUIN.

Hélas ! je me suis donc trompé dans cela comme dans bien d'autres choses. Mais ce qui me coûte le plus à te dire, ce qui me cause le plus de chagrin, c'est que je suis forcé de te demander un service.

CLÉANTE.

Ah ! monsieur ! ordonnez, parlez ; que faut-il faire ?

ARLEQUIN.

J'en suis bien fâché, j'en suis désespéré ; mais il faut que tu aies la bonté de t'en aller.

CLÉANTE.

De quitter votre maison ?

ARLEQUIN.

Oui, mon cher ami.

CLÉANTE.

Ai-je eu le malheur de vous déplaire?

ARLEQUIN.

Au contraire, je t'ai voué la plus
tendre amitié; je ne sais même comment je ferai pour me passer de ta société : ton esprit, ton travail, me sont
agréables et nécessaires ; je t'estime,
je t'aime, je sens mieux que personne
tout ce que tu vaux : mais, quoi qu'il
puisse m'en coûter, il faut, mon cher
ami, que tu t'en ailles.

CLÉANTE.

Ai-je offensé quelqu'un dans votre maison? vous a-t-on fait quelque
plainte?

ARLEQUIN.

Pour cela, il s'en faut bien; tu es
doux, serviable, toujours prêt à obli-
ger ; tu n'as de querelle avec per-

sonne que pour leur éviter de la peine; aussi tout le monde s'intéresse à toi, tout le monde t'estime et te chérit: hélas! c'est à cause de cela qu'il faut que tu t'en ailles.

CLÉANTE.

Permettez-moi de vous représenter, monsieur, que tout ce que vous me dites a l'air de la plus cruelle ironie. Vous êtes le maître de me faire quitter votre maison; mais pourquoi m'insulter en me rendant malheureux? Mon respect, ma tendresse pour vous, ne méritoient pas ce traitement, et je ne devois pas m'attendre...

ARLEQUIN.

Moi, t'insulter! mon cher ami, comment peux-tu l'imaginer? Je te répete que je t'estime comme moi-même; que je donnerois la moitié de mon bien pour passer ma vie avec toi; que tu m'as inspiré, dès le premier jour où je t'ai vu, une amitié, un attachement, qui m'arrachent des larmes dans ce moment-ci, parcequ'enfin il faut que tu t'en ailles, vois-tu... il le faut absolument. J'en pleure, mais il le faut. Laisse-moi t'embrasser pour la derniere fois. *(Il l'embrasse en sanglottant.)* Adieu, mon ami, mon bon ami, je te regretterai toute ma vie ; mais va-t'en le plutôt que tu pourras. Adieu, adieu : compte sur moi pour toujours ; mais que je ne te revoie plus.

(Il sort en pleurant.)

SCENE XV.

CLÉANTE, seul.

QUE signifient ces pleurs et ce congé, ces protestations de tendresse et l'ordre de quitter sa maison? Suis-je découvert? me suis-je perdu? Ah! je ne sais rien, si ce n'est que je suis le plus malheureux des hommes.

SCENE XVI.

CLÉANTE, NÉRINE.

NÉRINE.

QUE s'est-il donc passé? Monsieur Arlequin vient de rentrer chez lui tout en larmes, et il m'a dit de venir vous consoler.

18.

CLÉANTE.

Il m'a ordonné de quitter sa maison dès ce moment, il m'a embrassé, m'a juré une éternelle amitié, et m'a défendu de reparoître ici.

NÉRINE.

Je n'y comprends rien. Et qu'allez-vous faire?

CLÉANTE.

Obéir, Nérine. Je n'y survivrai pas; mais je partirai. Ah! du moins, puis-je compter que tu parleras quelquefois de moi à ta maîtresse? Tu connois mon cœur, tu pourras lui répondre que jamais on ne l'aimera comme je l'aime, tu lui raconteras tout ce que j'ai fait, tout ce que j'ai pensé, tout ce que j'ai souffert pour elle; peut-être donnera-t-elle quelques larmes à mon sort.

NÉRINE, pleurant.

Hélas! que nous sommes malheureux! D'abord, vous pouvez compter sur moi jusqu'à la mort.

CLÉANTE.

Tu es la seule dans le monde qui se soit intéressée à moi. Un de mes plus grands malheurs, c'est de ne pouvoir reconnoître ton amitié : prends du moins ce diamant; c'est le seul bien que m'a laissé ma mere, le seul dont je puis disposer; jamais il ne m'a été si cher que dans ce moment où je peux te l'offrir.

NÉRINE.

Eh! monsieur, je n'ai pas besoin de diamant, et j'ai besoin de vous voir heureux. Ne vous en allez pas; dites qui vous êtes: que risquez-vous? Tout est perdu, vous n'avez rien à ménager.

CLÉANTE.

Si je me découvre, Nérine, crois-tu que Nisida et son pere me pardonnent de m'être introduit ici? Ils m'accableront de leur colere, au lieu que j'emporte peut-être leur pitié. Cependant...

SCENE XVII.

ARLEQUIN, CLÉANTE, NÉRINE.

ARLEQUIN, *un papier à la main.*

JE te demande pardon, mon cher ami, de venir te tourmenter encore; mais la douleur de te perdre m'avoit tellement troublé la cervelle, que je n'ai pas songé à t'offrir une légere marque d'amitié. Prends ce billet, mon pauvre Cléante, et regarde-le, non comme la récompense de tes services, mais comme le bienfait de ton ami.

CLÉANTE.

Eh quoi! monsieur, vous me mettez au désespoir en m'assurant que vous m'aimez; vous me punissez en disant que je suis innocent: et vous venez m'offrir des secours! Non,

monsieur, je ne peux pas les accepter.

ARLEQUIN.

Ah! Cléante, ce n'est pas bien, et
je ne mérite pas ce refus.

CLÉANTE.

Il m'est affreux de vous déplaire; le
ciel m'est témoin que rien au monde
ne m'est cher au prix de votre amitié:
mais une raison invincible me défend
d'accepter vos bienfaits.

ARLEQUIN.

Quelle est cette raison? il ne peut
pas y en avoir de bonnes pour affliger
les gens qui nous aiment.

NÉRINE.

Allons, monsieur, parlez, voilà le
moment.

ARLEQUIN.

Que dis-tu, Nérine?

NÉRINE.

Je l'exhorte à vous ouvrir son cœur:
votre franchise, votre bonté, doivent

l'encourager. D'ailleurs, vous avez trop bien aimé madame Argentine pour ne pas pardonner les fautes que fait commettre l'amour.

ARLEQUIN.

L'amour!

CLÉANTE.

Oui, monsieur; apprenez tout. Je ne suis point ce que vous me croyez. Une passion violente, profonde, pour mademoiselle votre fille s'est emparée de moi depuis plus d'un an : désespérant de m'introduire chez vous, je me suis présenté pour être votre secrétaire. Voilà mes crimes, punissez-moi.

ARLEQUIN.

Comment! vous avez abusé de ma crédulité, pour venir séduire ma fille, pour oser...

NÉRINE.

Ah! monsieur, je suis témoin qu'il ne lui a jamais parlé d'amour.

ARLEQUIN.

En a-t-il moins risqué de la perdre
de réputation? Si l'on sait, comme il
est impossible que l'on ne le sache
pas, que vous avez passé six mois
dans ma maison, avec la liberté de
voir, de parler à ma fille à toute heure, qui voudra croire au respect que
vous avez eu pour elle? Ma pauvre
Nisida sera punie de la faute que
vous avez seul commise. Et voilà le
prix de l'amitié que j'avois pour vous;
vous déshonorez ma vieillesse, vous
rendez ma fille malheureuse, vous
empoisonnez mes derniers jours, tan-
dis que je ne m'occupois que de rendre les vôtres heureux!

CLÉANTE.

L'amour seul est mon excuse; et
cet amour...

ARLEQUIN.

Ingrat que vous êtes! pourquoi ne
pas me le dire? pourquoi préférer la

peine de me tromper au plaisir de m'ouvrir votre cœur?

CLÉANTE.

Vous ne m'auriez pas permis de l'aimer.

ARLEQUIN.

Quel étoit donc votre espoir?

CLÉANTE.

De vous plaire en vivant avec vous, de m'attirer votre estime et vos bontés, d'attendre, en vous aimant, que votre cœur me jugeât digne d'être aimé; et quand, à force de respect et de tendresse, j'aurois été certain d'un peu d'amitié, alors je n'aurois pas craint de vous découvrir mes sentiments; alors, ma pauvreté, mes malheurs, tout ce qui m'empêchoit de parler, seroient devenus des motifs d'espérance : je vous aurois raconté mes chagrins, votre ame sensible se seroit émue; vous auriez écouté l'aveu de mon amour, non comme le pere de Nisida, mais comme l'ami d'un malheureux.

ARLEQUIN.

Qui êtes-vous donc ? Parlez, expliquez-vous.

CLÉANTE.

Je suis le fils d'un homme de qualité, et j'ai payé bien cher ce funeste avantage. Abandonné par mon pere dès les premiers jours de ma vie, victime des fautes d'une mere qui dissipa tout le bien qu'on lui avoit laissé pour moi, je me suis trouvé dans le monde, à l'âge où l'on a tant besoin de ses parents, sans fortune, sans guide, sans appui, seul, isolé dans la nature, n'ayant pour tout bien que la connoissance de mes malheurs, et n'osant pas même porter le nom d'un pere qui m'avoit ôté sa tendresse avant que j'eusse vu le jour.

NÉRINE.

Monsieur, vous vous attendrissez...

ARLEQUIN.

Point du tout, mademoiselle.....
Eh bien?

CLÉANTE.

Ce n'est pas tout. A l'instant où
un ancien ami de mon pere alloit
s'employer auprès de lui pour m'obtenir la permission de l'aller embrasser, et c'eût été la premiere fois de
ma vie, nous apprîmes que mon pere
étoit mort en Italie, et qu'il avoit
laissé toute sa fortune à un étranger.

ARLEQUIN.

A un étranger!.. Quel soupçon!

CLÉANTE.

Voilà sur quoi je fondois l'espérance de vous intéresser un jour.
Cette fatale illusion m'empêcha de
sentir que je vous offensois. Ah! du
moins ne me refusez pas mon pardon, c'est à vos genoux que je le demande. (Il se met à genoux.)

ARLEQUIN, *ému.*

Répondez - moi : Comment s'ap-
pelloit votre pere?

CLÉANTE.

Le comte de Valcour.

ARLEQUIN.

Le comte de Valcour!

CLÉANTE.

Oui, monsieur: j'ai les preuves....

ARLEQUIN.

Ô ciel! vous le fils de mon bienfaiteur... Ah! relevez-vous, monsieur,
relevez-vous; c'est moi qui vous dois
du respect.

CLÉANTE.

Quoi! vous l'avez connu?

ARLEQUIN.

Si je l'ai connu! Et vous êtes son
fils! Ah! mon ami, (il embrasse Cléante.)
mon cher ami, je dois tout à votre
pere, je l'ai aimé pendant quinze ans.
C'est moi qu'il a fait héritier de toute
sa fortune : grace au ciel, c'est moi

qui ai tout votre bien; et c'est fort heureux pour vous, mon cher ami, car je vais vous le rendre; il est à vous, votre pere n'a pu me le donner.

(Nisida arrive.)

SCENE XVIII.

ARLEQUIN, CLÉANTE, NISIDA, NÉRINE.

ARLEQUIN.

Viens, ma fille. Voilà le fils de celui qui nous avoit laissé sa fortune; voilà celui à qui appartient tout ce que nous possédons. Nous étions riches ce matin, mon enfant; nous allons être pauvres : mais il le faut bien, car sans cela nous ne serions plus honnêtes gens.

CLÉANTE.

Comment! que dites-vous? Je n'ai

rien à prétendre : le mariage de mon
pere ne fut jamais déclaré ; et la loi....

ARLEQUIN.

Que me fait la loi, quand mon
cœur parle? vous voyez bien qu'il me
crie que votre bien n'est pas à moi.
Comment! je serois riche, et le fils
de mon bienfaiteur seroit pauvre!
Non, mon ami, non, monsieur; je
vais tout vous rendre. Mais je vous
supplie d'assurer de quoi vivre à ma
fille : je mourrois de douleur si je la
laissois dans l'indigence ; et, puisque
vous êtes le fils du comte de Valcour, vous ne le souffrirez pas.

CLÉANTE.

Votre fille! ô ciel! Eh bien, oui,
je reprends ma fortune, mais c'est
pour la mettre à ses pieds. Et vous,
digne et vertueux homme, qui n'hé-
sitez pas à vous dépouiller de vos
biens dans la crainte de me voir malheureux, je le serai toute ma vie, et

vous n'avez rien fait pour moi, si vous me refusez votre fille.

ARLEQUIN.

Quoi! vous voudriez...

CLÉANTE.

Je veux retrouver mon pere; vous seul pouvez le remplacer.

ARLEQUIN.

Mais je ne demande pas mieux, et je vais même te dire un secret qui te fera plus de plaisir que d'avoir retrouvé ta fortune; (à voix basse.) c'est que je ne te renvoyois de chez moi que parcequ'elle m'avoit avoué qu'elle étoit folle de toi. Ne lui dis pas que je te l'ai répété.

CLÉANTE.

Ah! Nisida, vous m'aimiez donc?

NISIDA.

Heureusement je l'ai dit ce matin.

NÉRINE.

Grace au ciel! tout est arrangé; et j'en pleure de joie.

ARLEQUIN.

Ma chere Nérine, tu vois bien que je ne peux plus te donner Cléante selon mes premiers projets ; mais tu nous permettras de doubler la dot que je te destinois, et tu resteras avec nous pour être la bonne amie de la famille. Quant à vous, mes enfants, vous allez être unis, et vous serez sans doute heureux : mais souvenez-vous bien qu'aucun plaisir dans le monde ne vaut celui de faire son devoir d'honnête homme et de bon pere.

FIN DU TOME PREMIER.